斎藤一人

人は死んでも生き続ける

斎藤一人
柴村恵美子

PHP

「いつも時間に追われているような気がしてしょうがない」という人
「やるべきことを、自分はやっていないような気がしてならない」という人
「自分から仕事または肩書や役割（妻、夫、母親、父親など）をとったら何が残るだろうか」という考えが、ふと浮かんだ人
「人生をリセットしたいが、もう時間がない」と思っている人
「自ら《みずか》億万長者になった人の人生観・死生観を知りたい」という人

そして——。

悔《く》いなき人生を送ろうと、がんばって、
ちょっとだけ疲れてしまった、
そんなあなたに本書をささげます。

はじめに

斎藤一人
柴村恵美子

一人さんは億万長者になったのに、なぜ仕事を続けるんですか？
どんなにお金を稼いでも、最終的には置いていかなきゃいけないのに――。

そんな質問をいただくことがたまにあるんです。

その〝とき〟がくれば、今世で私が稼いだお金は、法律にしたがって国に納めることになるのですが、私は〝いのち〟について少し変わった〝考え〟を持っているんです。

たとえば、森の樹木は朽《く》ちて倒れると、その場所で微生物に分解されて土に戻り、そこで再び芽を出し、枝葉を広げます。

そう**〝いのち〟は死なないで、循環していく**んです。

その様子をビデオで撮り、早回しで再生すると、あたかも倒れた場所から起きあがったかのように見えることでしょう。

実は人間も、樹木と同じなのです。
人も、倒れた場所から起きあがるんだって、一人さんは思っています。

すべての〝いのち〟は循環し継続していきます。
「死」のあとも「生」が続いているのです。
私たち人間も、そう。
ずっと**生き通し（輪廻転生《りんねてんしょう》）**なんです。

しかも人間の場合、**今世で、学んだこと、身につけた技や知識、そして、数々の思い出etc。それらを持って、再び生まれてきます。**
〝今ここ〟は来世の人生とつながっているのです。

だとしたら、あなたは今をどのように生きたいですか？

斎藤一人

梅雨《つゆ》があけた、ある日のこと。

私は、一人さんと仲間たちといっしょにドライブに出かけました。

私たちを乗せた白いワゴン車は、アスファルトの照り返しがキツイ都心を抜けだし、一人さんがお気に入りの場所へと向かいました。


仕事大好き人間の私ですが、時々、自分でも知らないうちに、いろんなものを抱え込みすぎてしまうことがあります。

そんなとき、私のリセットボタンが、一人さんたちとのドライブなんです。


どこまでも広がる、青い空。

その下では、青々とした稲が、そよ吹く風にゆらゆら揺れていました。

しばらく行くとワゴン車は、白やピンクの花が咲いている蓮田《はすだ》の間を通り抜け、さらに水辺の道に入りました。

道と川の間にある土手《どて》はアジサイの群生地になっていました。

そこに、枯れたアジサイがあったんです。それを見たとき、私は少しだけ、さみしい感じがしちゃって。

そのときでした。

「枯れても花。散っても花。何でも花だな」

つぶやいたのは、一人さんでした。

その声は、私のからだを、ふわぁっと包み込むような、やさしい声でした。

短い沈黙のあと、一人さんはこう言いました。

「枯れても何しても、アジサイはアジサイらしく、美しいね」って。

このあと、なぜだか自分でもわからないのですが、亡くなった母の思い出を語りはじめる私がいて――。

「親が逝《い》ったあとに縁が濃くなることがあるんだよ」

あのとき、私が一人さんに語ったのは、北海道の帯広《おびひろ》で指圧《しあつ》治療院をやっていた頃の、母との思い出でした。


「あの頃の私は、朝から晩まで治療院でずーっと指圧をしてたでしょ。

たまには気晴らしがしたいなって、思うときがあって。

そういうときは、いきつけのお店で深夜までカラオケでうたって、その後に、手料理がおいしいと評判のママさんのお店でお酒を飲みながら、ママさんとおしゃべりをするの。

家に帰るのは、いつも朝の六時頃でさ。

玄関のドアを開けると、かあさんが怖い顔をして仁王立《におうだ》ちしててさ（笑）。

『嫁入り前の娘が、朝帰りして!!』って怒るのよ。

カチンときて私は言い返すんだよね。

『いつもの、あの店で、ママさんとしゃべってただけだよ！

人の話も聞かないで、勝手に心配するの、やめてくれない』って。

でもさ、今、ふと思ったのね。そう言えば、かあさんもお酒、好きだったなって。

なのに、かあさん、私とさしつさされつ、お酒を飲んだことがなかったんだよね。もしかしたら、かあさん、私と飲みたかったのかもなあ。

あのとき、私はかあさんに怒られていたと思っていたんだけれど、本当はかあさん、さみしかったのかもしれないな」

そのとき、静かに外の景色を眺《なが》めていた一人さんが
「不思議だな」
と、つぶやきました。そして、こう言ったんです。

「親っていうのは、逝ったあとのほうが縁《えん》が濃くなる。

そういうことがあるんだよね」

この世の「死」はあの世の「生」

「縁が濃くなるって、一人さん、ホントだね」

実際そのとき私は母の思い、母の存在を感じながら、一人さんの話に耳を傾けていたのです。

「恵美子さんも、そうだと思うんだけどさ。

おふくろやおやじ、今世ご縁のあった人たちは、オレの思い出のなかで今も生きていて、オレは『死んだ』とは思っていないんだよ。

もっと言うと、また会えるんだよな。

なぜなら、**この世の『死』は、あの世の『生』なんだよ。**

ほら、往生《おうじょう》という言葉があるじゃない？　あの言葉はね、光の国に往《い》ってそこで生きる、という意味だっていうんだよ。

そして〝とき〟がくると光の世界を出て、またここに生まれてくる。

ということは、**人は死なないんだ。オレたち、ずっと〝生き通し〟なの」**

生き通し――「死」から「生」を眺める、その視界を超える

私や一人さんが「生き通し」というテーマでこの本を書くことになったのは、「人は生き通しである」

ということを証明するためではありません。

私も、一人さんも、商人です。会社を経営している社長です。

「人は生き通しだ」ということを証明するのは、それ専門に研究している研究者のみなさんにお任せすればいいと思っています。


では、私たちは何のためにこの本を書いたのか。

「人は生き通しである」ということを知っていると、いろんな場面で安心できることがあるのです。

人は安心すると、置き去りにしていた自分の気持ち、心の奥の奥にある〝声〟に耳を傾け、素直に「幸せの道」を歩きだします。

あなたはあなたのままで、今よりもっと幸せになれるのです。

仕事や生き方に迷ったとき〝素直な自分〟に戻れるキッカケを提供できたらいいな、そんな思いでペンをとりました。

みなさんに、すべての善きことが雪崩《なだれ》のごとく起きます！　そう祈りながら。

柴村恵美子

斎藤一人　人は死んでも生き続ける◉目次

第1章

「人は生き通しだ」と思っている私に見えること、起きてくること
～一人さんの場合

斎藤一人

第2章

様々な思い込みから自分を解放する
～死んだらどうなるか、師匠の一人さんに聞いてみた

柴村恵美子

第3章

あなたは何のために生きるのか

～一人さんの場合

斎藤一人

第4章

この「いのち」輝いて

～「我」に限界あれど「いのち」は無限

柴村恵美子

第5章

「生き通し」のなかで学んだ大切なもの
～一人さんの場合

斎藤一人

第6章

果てしない旅路を喜びに変える、この〝一歩〟

柴村恵美子

装　丁　一瀬錠二（Art of NOISE）
編集協力　道井さゆり

第1章

「人は生き通しだ」と思っている私に見えること、起きてくること

～一人さんの場合

斎藤一人

「生き通し」って何ですか？「人は死なない」ということです。

これから、不思議な話をします。

「生き通し」の話です。

まず、「生き通し」とは何ですか、ということなんですけれど。

人は死なない。人の魂《たましい》はずっと生き続けるんですよ、ということです。

以上で、「生き通し」の説明はおしまいなんですけれど、これだけでは、あまりにも申し訳ないので、もうちょっと、お話しさせてもらいますね。

誰にでも、どんなものにも「寿命」というものがあります。

寿命を終えたら「これでおしまいだ」と信じている人は、信じたままで大丈夫ですよ。自分の考えを変える必要はありませんからね。

ただし、一人さんには、一人さんの考え、というものがあるんです。

寿命を終えても「終わらない」と私は思っている人なんです。

また生まれてきちゃう、というよりも、魂には「死」というものがないんです。


私の意見に賛同してほしくてこの話をしているのではないのですよ。

この本でも、他の本でも、何でもそうなんですが、一人さんの話ってね、どっちが正しいとか、そういう話ではないのです。


「あなたは今、どういうふうに生きたいですか？」

「どういうふうに考えたら、あなたは今、楽しくなりますか？」

という問いかけを、みなさんにしているつもりでいるのです。


これから、「一人さんはこう考えてるよ」「こんなふうに楽しく生きてるよ」という話をしていきます。そのなかから、自分に都合のいいものだけ持っていってください。一個だったら一個、一個だけでOKですからね。

今できること、わかることは過去世からの積み重ねです。

マグロの仲買人《なかがいにん》さんは、マグロの体型を見たり、断面が反射する光の加減を見れば、そのマグロのよしあしがわかるそうです。

それと同じというつもりはないのですが、私は人の顔を見ると、だいたいのことがわかるんです。

たとえば、顔を見て「この人には、こういう言葉をかけてあげたら、すごくよくなるな」と思ったとします。思いついたことを実際に言ってみると、たいがい合っているんです。

私のお弟子さんたちは不思議がって、「どうして、一人さんはわかるの!!」と言うのですが、私にもわからないのです。なぜ、みんながわからないのかが。

私にはわかって、他の人にはわからないのは、もしかすると、場数の違いかもしれません。

たとえば、空手《からて》の瓦《かわら》割りだって、「できるようになりたい」と思って、毎日瓦に向かって「はっ!!」ってやっていると、ある日、突然パカンと割れて、次からは割れるようになり、何回やっても割れるんですよ。

逆上がりだってそうでしょう? 何回も何回も練習して、ある日、突然できるようになって、それ以降は、ずーっと逆上がりができる。

顔を見て、その人がわかる、というのも、それと同じで、場数なんです。

この人にこう言ったら喜ばれた。でも、あの人に同じことを言ったら怒られた——というふうに何度も何度も場数を踏んでいくと、顔を見れば、その人のことはだいたいわかるようになります。

たとえ今世でできるようにならなくても大丈夫ですよ。人は生き通しですから

ね。今世、自分が努力したことは来世に引き継がれます。前世で終わったところから、来世はスタートするのです。

一人さんもそうやって何代も前から場数を踏み、そして今があるんです。

「人は生き通しだ」ということを知っているからこそ、しっかり生きて、しっかり死ぬんです。

お仏壇やお墓をおまいりしているときに、「なんかちょっと暗いかな」って感じたことがある方がいると思うんです。

邪気がたまっていると、そこが「暗いな」って感じたり、なんとなく嫌な感じがすることがあって――えっ、それと「生き通し」の話と、何の関係があるんですかって？　実はおおいに関係があるのです。

その邪気の正体は浮遊霊なんです。浮遊霊というのは、元々肉体をもった人間でした。それが死んだあと、浮遊霊として存在し続けている、ということは、そうです、「生き通し」なんです。

ちなみに、浮遊霊には、大きな特徴があります。

それは、死を受け入れられず素直に死ななかった、ということです。

「もっとこうしたかった」「こうすればよかった」と、未練を残しちゃったの。

読者のみなさんもね、仕事が大切、お金が大切、名誉が大切、いろんな大切があると思うんです。それから、お金が入ったら「好きな洋服を買おう」「車を買おう」「何、買おう」っていうのもありますよね。

それらはすべて、この世で生きているうちの楽しみであり、大切です。

だから、**生きているうちの楽しみは生きているうちに**――。

私はそういう考えのもとに、しっかり生きています。

それでも、どんなにしっかり生きようとしても、**最後の最後に「やり残したこと」が一つや二つ出てくるかもわかんない。**

万が一、出てきてしまったら、そのときは、「来世があるさ」と自分に言い聞かせ、しっかり死ぬんです。しっかり死ぬと同時に、魂は光の国で誕生します。

そう、「来世があるさ」という言霊《ことだま》は、未練を断ち切ってくれるんです。

「生き通し」を証明する気がない、というよりも、「人は生き通しだ」とわかったから、じゃあ次へ行こう、っていう。

私は小さいときからずっと病気ばかりしていました。

周りの大人たちからは「この子は、二十歳まで生きられないだろう」って言われていました。今も病気とお友だちなんですけれど、一人さんって、非常についてるんです。私はね、本当にありがたいことに、この人生で悩んだことが一回しかないんですよ。

ちなみに、一人さんが悩んだことというのは、

「人は死んだらどうなるんだろう」

ということでした。

私が小学校にあがるか、あがらないかの頃だったと思います。

当時、大切に飼っていた猫が死んじゃったんです。

それがきっかけで幼い私は「死」というものを考えるようになり、夜も眠れず、ずーっと考えていたんです。

そしたらある晩、〝白い光のたま〟に包まれた。

包まれた瞬間、わかってしまったんです。「人は死なない」って。

もちろん、肉体には〝寿命〟があります。ただ、魂は死なない。なぜなら、私

たちの**魂に灯《ひ》をともすエネルギー〝いのち〟は枯れることがない**からです。**〝寿命〟がきて肉体から抜けた魂は光の国に向かい、ここでしばらく生きて、またしばらくすると、今私たちがいる、この世に生まれてきます。**

このように人生の仕組みを〝白い光のたま〟から教わった私にとって、「生き通し」は証明するようなことではないのです。それよりも、私はこの教えを持ち、「生き通し」の〝いのち〟を使って、今を明るく楽しく生きたいのです。

今世をめいっぱい楽しんで、どんどん豊かになるんです。そして、手に入れたものを持っていく。

私の本業は商人です。

商人は、お金を稼いでこの国の経済を回すのが務めなんです。

だから私は一生涯、お金を稼ごうと、昔からずっと思っています。

みなさんのなかには、私のそんな考え方に対して、「なぜ？」と思う人もいるかもしれません。「光の国にいくときは何も持っていけないのに、なぜ、一生涯お金を稼ごうとするの？」って。

そういう考えがあってもいいのですよ。

ただ、一人さんという人は「持っていける」と思っている人なんです。


私は昔からよく「倒れた場所から起きあがる」と言います。どういうことかと言うと、たとえば朽ちた木は倒れた場所で土に戻り、やがて芽が出て枝葉を広げます。そうして〝いのち〟は循環していきます。人間もそうなんです。

私たちが今世、いっぱい勉強して、いろんな知恵をつけて生涯を終えたのだとしたら、次、生まれてくるときは〝その続き〟がはじまります。


たとえば、子どもの頃からその道の天才みたいな人がいるでしょ？　その人は過去世から技を磨いたり、勉強していたんです。それが積み重なった状態で、今世に生まれたんです。だから、**逝《い》くときは何も持っていけないワケじゃない。豊かさでも、知恵でも、技術でも何でも、あなたが今世、身につけたものは、そっくり持っていけるし、来世は〝その続き〟からはじまるんです。**

未練を残すのは、「置いていかなきゃいけない」と思っちゃうからだと思うんですが、神さまってね、そんなケチなことを言わないから、神さまなんですよ。

それよりも、今世、めいっぱい楽しんで豊かになればいいんです。自分がほしいものを持てるだけ持って逝けばいい。一人さんはそう思っているんです。

苦しみの連続から脱出するには、今、楽しいことを考えるんです。今が楽しいと、ここから先は「楽しさの連続」なんです。

私はよく「人生は神ごとだよ」って言います。

どういうことかというと、たとえば、今、心楽しくしていると、また楽しいことが起きてくるのです。**「楽しいな」っていう想い（波動）が、楽しい現実を呼び寄せてきます。だから、今、楽しければ、「楽しさの連続」なんです。**

逆に今、苦しいと、苦しさの連続です。ただし、そこからでも〝流れ〟を変えることは可能です。「楽しさの連続」へ転換することができます。

どうするのかというと、〝今ここ〟で幸せになればいいのです。

どうやってなれるかというと、幸せなこと、自分が楽しくなることを考えればいい。そうすれば、一瞬で幸せになれます。

自分が楽しくなることを考える――。一人さんたちの場合は、たとえば以前、ある場所に集まった人たちと、「芸能人と不倫《ふりん》するなら誰としたいか」というお題について、各自、自分の思いを発表しあいました。

そのなかに、家族との関係に悩んでいる人、好きな人ができてしまった既婚女性、仕事で壁にぶちあたった絵描きさんとか、悩んでいる人たちがいたんです。みなさん、最初はちょっと影がある感じだったんですよ。それが、うれしはずかし、幸せそうな顔で話すんですよ、「自分が不倫したい芸能人は――」ってね。

心のおあそびだから誰にも迷惑がかからないし、「実際につきあってみたら、ザンネンな人だった」というリスクもありません。何より、幸せそうな顔をしているのを見て、周りの人が安心するんです。

そうやってゲームをして心楽しくしていると、また「楽しいこと」が起きる、次もまた「楽しいこと」が起きる、というふうに無限に「楽しい」が続きます。**苦しみは続かないけど、「楽しい」は無限に広がっていくんです。**そう、無限にね。

何度も生まれてくるのは、「魂の成長」が目的だと言うのですが……。

私たちの肉体は死ぬと土に還《かえ》りますが、魂は生き続けます。また何度も生まれてくる。その目的は「魂の成長」です。

「魂の成長」とは、清く正しく美しく生きることだと思っている人も、なかにはいるかもしれません。そのように生きて幸せなら、それでいいんです。

ただ、なかには、そのような生き方が向かない人もいるのです。

そういう人に**「清く不純に美しく生きて大丈夫だよ」と言うと、ホントに〝い**

い顔〟するんですよ。いやぁ、それが大事なことだと、私は思っているのね。

不純といっても、人を傷つけたり、法律を犯《おか》すんじゃないんですよ。たとえば、女性の場合、「ブランドのバッグがほしい」とか、そんな程度なんです。

そんな程度でも、そのバッグをダンナさんに買ってもらおうと、奥さんはおいしい料理をつくったりして、一生懸命、喜ばせようとするでしょ。

仕事を持っている人だったら、一生懸命、会社の社長さんやお客さんに尽くして、お金を稼ごうする。それって〝いいこと〟じゃない？

男の人だと、たとえば、カノジョとデート中でも、好みの女性を見かけると「おっ」って目が追いかけちゃう（笑）。目が勝手に、そっちを見ちゃう（笑）。だけど、それと同時に、ちゃんと理性でもって自分を制しているんですよ。

一人さん的には、もう十分立派です。これ以上の悟《さと》りは一万年後でいいんです。

よく、〝いいこと〟をしても「女性にモテたい」「バッグがほしい」とか下心

（欲）があっちゃいけないよって言うんだけど、そんなことないですよ。ブッダもキリストも大欲があったんだよね、「大勢を救いたい」という。

「女性にモテなくていい」「バッグも洋服もいらない」そこまで悟っちゃったら、楽しみがないじゃない？　それよりも、今よりもっと幸せになりましょうよ。

あなたが幸せになることが、やがて必ず誰かを助けることになるのだから。

あなたのその波動が、周りにいる人とご先祖さま、そして、これから生まれてくる人に影響するんです。

人はみな「使命」を持って生まれてきているんだ、って、私は言うんです。

もちろん、あなたも「使命」を持って生まれてきています。

ちなみに、**私が言う「使命」とは、その人にとって「いちばん楽しいこと」**。

たとえば、あなたにとって「いちばん楽しいこと」が釣《つ》りなんだとしたら、あなたの「使命」は釣りなんです。

「なんだ、そんなことか」なんて言わないでくださいよ。

釣りをするには、エサも、竿《さお》も買わなきゃならない。海釣りだったら、乗合船に乗るのにお金がかかるじゃない？

そうやってあなたが釣りに使うお金が、この国の経済を支えているんです。

釣りというものを通して、あなたは社会に貢献している。

それが「使命」というものなんです。

だから、誇りを持って、自分の「使命」を果たしたほうがいいんです。

自分の「使命」を果たしていると自分も幸せだけど、周りにいる人も、幸せなあなたの波動に影響されて明るく幸せになります。それだけじゃないんです。

亡くなったご先祖さまも「お前が幸せで、よかった、よかった」って喜んで、幸せになるんです。

さらに言うと、私たちが心を楽しくして生きていると、そこに楽しい波動が残ります。それが、これから生まれてくる人たちにも影響するんです。

だから、自分の使命を果たすのは、自分のためだけじゃない。

周りの人、ご先祖さま、そして、これから生まれてくる人のためになることでもあるのです。

だとしたら、あなたは今をどのように生きたいですか？

どうしても捨てられない、
あきらめられない「使命」、
それこそが〝自分の生きる道〟なんです。

自分にとって「いちばん楽しいこと」が「使命」だよ、という話をしたんですが、人によって様々な「使命」があります。

その人、その人の「使命」に対して、これは大きな使命だとか、小さな使命だとか言ったりするんですけれど、**大きかろうが小さかろうが、どんな「使命」であれ、全部、大切なんです。だから、自分の「使命」を大切にしてください。**


なかには周りの人からこんなことを言われた人もいるかもしれません。

「そんなことに夢中になって、何になるの？」とか。

「いい年して、何やってんの」とか、「欲を捨てろ」とか。

そんな周りの意見で心がゆらいでしまうこともあるでしょう。

人の意見にゆらいでしまうことがいけない、と言っているのではないんです。

ゆらぐには、それなりの理由が、その人のなかにあるのだから、ゆらいでいいし、やめたっていいんです。


だけど、「それでも、これだけは、やめられない」「どんな目にあっても、私はあきらめられない」という思いがあるのなら、無理してやめることはないですよ。

ちなみに、あきらめられない、捨てられない「使命」のことを、私は「天命」と呼んでいるんですけれど、「天命」というのは、「持とう」と思ったから持てる、というものじゃないんです。その人、その人が持って生まれてくるものなんです。

だから、あきらめようとしても、あきらめられるものではないし、また、**自分の「天命」を追いかけていくと、途中で、いろんな〝奇跡〟が起きてくる**んです。

たとえば中卒で学校の勉強もロクにしなかった人が事業家として成功、その体験を本にして発表したら、みんなに喜ばれた、とかね。

だから、「天命」というのは「人生を創造する真の種」みたいなものなんです。

「有名になりたい」という夢がいいか、悪いか、議論している間に、時間はどんどん過ぎていくんです。

私のお弟子さんの一人、恵美子さんとは専門学校で知り合ったんです。元々はクラスメイトでした。その頃、恵美子さんは「私は歌手になるのが夢だったんだ」ということを言っていたんですけれど、私はなんとなく思ったんです。有名になる、というのが、恵美子さんの「天命」だな、って。

ふつうは「有名になりたい」っていうと、人間性がどうのこうの、いろいろ言われるでしょう。弟子が「有名になりたい」と言ったら、師匠にたしなめられる。

ところが、私は変わったお師匠さんなので、恵美子さんには、「立派になろうとしちゃいけない」と言ってきたんです。

なぜかというと、恵美子さんの「有名になりたい」は天命だから。

それは、恵美子さんにとって、あきらめられない、捨てられないものだから、それを追い求めるよう、私はすすめてきたのです。

「いいんですか」って、もちろん、いいに決まっています。

あきらめられないものを追い求めているうちに、「自分を磨かない限り、何ともならないな」ということが起きてくるんです。

そのとき、どうしてもあきらめられないと、立ち止まって考えるのです。自分の考え方、話す言葉、行動を「見直そう」ってなってくる。そうやって成長の階段を一段、また一段とあがろうとする人に天が味方してくれるんですよ。

だから、**あきらめられないものがあるのなら、そこからズレないことです。**

「天命」に沿ってやっていると、じわじわ、じわじわうまくいくようになっていますからね。

「有名になりたい」だろうが、「お金持ちになりたい」だろうがね、どんな山でも、上へ、上へと向かって行けば、いつか必ずてっぺんに着いちゃうのです。

「人は生き通しだ」という目で「使命」を見てみると、いろんなことが見えてくるんです。

時間は刻々と過ぎ、今日から明日へと変わっていきます。

時代は変わり、流行も、暮らし方も、社会の仕組みも変わっていきます。

そのなかで、変わらないものがあるんです。

たとえば、一人さんは、女性が好きなんですが、明日になったら、男性を好きになりますかって、そんなことはないんですよ（笑）。

山登りが自分の「使命」です、という人も、あいも変わらず山登りが好きで、「今度はあの山に行こう、この山に行こう」なんて考えてる。

「なんで、あんなくたびれるようなことを、わざわざするの？」って周りは言うけど、本人にもよくわからないのです。わからないけど、なぜか好きなんです。

お金を稼ぐことが自分の「使命」だ、という人もそう、なぜだかわからないけど、好きなんです。

それって、**今世だけを見ているから、わからない**の。

たとえば、お金を稼ぐことが使命だとすると、お金に困ったことがあるとか、お金がないことでバカにされて傷ついたとか、過去世に何かがあるんです。

すると、**人の魂には、過去の経験を踏み台にして上にあがろうとする性質があるから**、次は、お金を稼ぐという「使命」を持って生まれてくるの。

そういう人がお金持ちを目指して歩きだすと、「人生で大切なものは、お金だけじゃないんだ」とか、「自分も大切、人も大切なんだ」とか、気づいたりする。

そういう気づきを積極的に求める人に、天は味方をしてくれます。

なぜなら、それが「魂の成長」だから。

そして、「魂の成長」こそがいちばん楽しいことであり、生き甲斐《かい》なんです。

第2章

様々な思い込みから自分を解放する

~死んだらどうなるか、師匠の一人さんに聞いてみた

柴村恵美子

自分が見えている「現実」以外に、見えていない世界が、もし、あるとしたら……。

分刻《ふんきざ》みの予定が満載のスケジュール表。それをながめながら、〝心のゆとり〟をなくしてなるものかと「活気づいてるわ、私」と自分自身に言い聞かせる。でも、言い聞かせるだけでは、自分が空中分解しかねない、ということがわかっているから、私は、仕事の合間、合間に、イメージを広げる時間を持つように心がけています。一瞬だけ仕事を忘れ、頭を遊ばせるのです。

たとえば、「今」と言ってみる。言ったとほぼ同時に、「今」という瞬間は通り過ぎます。「今」と言った、その一秒後には「一秒前の今」になってしまう。そう、過去になってしまうのです。だから、過去は、過ぎ去った「今」なんです。

そして未来は、私たちが今、思っていることが引き寄せたもの。

ということは、**今、自分に起きていることは、過去の自分が思ったことが呼び寄せたもの、と言えるのです。**

何を言いたいのかというと、人生というのは、「今」の積み重ねなんです。

ただし、その**「今」は、私たちが目で見ている現実世界だけでできているのかというと、実はそうではない。目に見える世界がすべてではないのです。**

〝見えない世界〟というものがあるのです。

しかも、〝見えない世界〟が占める割合のほうが圧倒的に大きいのです。

私たちが目で見て、手で触れて感じることができる現実世界は、氷山の一角、いや、小指の先ほどもないのだそうです。

この話をはじめて聞いたとき、私はさほど驚きませんでした。

というのは、〝見えない世界〟のごくごく一部に触れた瞬間が、何度もあったからなんです。

死んだあとの世界は、〝死者の世界〟ではありません。

私は過去に一度だけ、入院したことがあります。まったくお恥ずかしい話なんですが、私は若気《わかげ》の至《いた》りでお酒を飲みすぎ、腎臓《じんぞう》をいためてしまったのです。

入院中、お日さまが出ている間も、場所によっては、なんとなく気配を感じることがあることはあったのですが、夜になると〝見えない世界〟がぐっと私に接近してくるんです。

たとえば、ある夜、トイレに行くのに病室を出ると、「えっ⁉」と思わず息をのむ。

というのは、点滴スタンドを転がしながら廊下を歩いている浮遊霊の姿を見かけたからです。もうすでに寿命がつき〝白い光のたま〟もお迎えに来ているのに、本人は「死んだ」と思っていない。つまり、「死」を受入れていない。そういう方が浮遊霊となって、生前の院内暮らしを続けているのを何度も見かけました。

それから、私の大好きな仲間の一人に〝ただおちゃん〟(一人さんのお弟子さんの一人、遠藤忠夫《えんどうただお》さん)という人がいます。〝ただおちゃん〟は数年前に光の国へ移っていったのですが、光の国に逝《い》った直後のある夜のことです。

私の部屋に〝ただおちゃん〟がいたんです。

「どこへやってたかな、ここかな?」

〝ただおちゃん〟はそう言いながら、部屋にあるタンスの引き出しを開けたり閉めたりしていました。

「〝ただおちゃん〟どうしたの?」

私は、いつもと同じ調子で話しかけました。

〝ただおちゃん〟も、ふだんとまったく変わらない様子で「恵美子さん、ちょっと聞いて。あのね、大切なものを探しているんだけど、見つからないんだよ」と、私に言います。

「どこかから、ひょっこり出てくるから大丈夫だよ。それより、夜も遅いし、もう寝ようよ。私は寝るよ」私はそう言いました。

というのは、〝ただおちゃん〟は、一本気《いっぽんぎ》なところがあるからなんです。見つかるまでずーっと探し続ける、そういう人なんです。だから私は、「もう寝るよ」と言ってベッドに入り、目を閉じました。


翌朝、ベッドの上で目が覚《さ》めた私は「昨日のあれは夢だったのかな」と思った半面、「それにしては、やけにリアルだったなあ」という気がしてなりませんでした。

そこで私は、仲間のみっちゃん先生（一人さんのお弟子さん）に電話をして前日の夜のことを話しました。

それからしばらくたったある日のこと。なんと！〝ただおちゃん〟が生前作成した遺言書《ゆいごんしょ》が見つかった、という報告をもらいました。

〝ただおちゃん〟のサポートをしていた方に、「恵美子さんの部屋で探しものをしていたみたいだよ」という話が伝わり、その後、身辺整理をしてみたら、見つかったのだそう。ちょっと、これ、すごくないですか⁉


よく「幽霊には足がない」と言うでしょう？　昔の絵師が描いた幽霊画を見ても、確かに足がないのです。

でも、私が〝ただおちゃん〟と会ったとき、彼にはちゃんと足がありました。病院で点滴スタンドを転がしながら歩いていた方々もそうです。しかも、当人はまだ生きているつもりで、そこに暮らしていたんです。

「死後の世界」と言うと、「死者の世界」を想像している人もいるでしょう。

ところが、私がこれまでに何度も垣間見《かいまみ》た「死後の世界」は、そうではなかった。おどろおどろしい死者の世界ではなかったのです。

寿命がきたときに肉体から抜けるのは、精神と霊魂だけではないのです。

実を言うと、私は子どものときから死ぬのが怖かったんです。
そんな私が変わりはじめたのは、専門学校生の頃でした。クライメイトだった一人さんが教えてくれたんです。死んだらどうなるか、ということを。

一人さんの話によれば、**人間は肉体と魂《たましい》でできているのではなく、肉体と精神（考え方・観念）と魂（いのち）でできていて、死ぬと、魂と精神が抜けるの**だそうです。

肉体から抜けた魂は、精神――つまり生きていたときに何を考え、どんな気持ちでいたか、という記憶――を持って光の国へと旅立ち、そして目的地に着くと、その人が大好きだった人が迎えにきてくれるんですって。

この話を聞いて、私はちょっとほっとしたんですよね。

と、ここで、こんなことを考えた方もいるのではないでしょうか。

「大好きなおばあちゃんが迎えにきてくれても、私、わかんないかも」とか。

「魂と精神だけの状態なのに、どうやって『この人だ』ってわかるのかな」とか。

ご安心ください。私たちの体って肉体だけではないんです。

目には見えないのですが、肉体を覆《おお》っているヴェールのようなものがあるんです（ちなみに、東洋医学などでは、肉体とそれを覆うヴェールをひっくるめて「体だ」と見なすことがあります）。

光の国に旅立つときは、そのヴェールもいっしょに持っていくんです。だから、たとえば、ご葬儀で故人にお別れのあいさつをする際に違和感を覚えることがあるでしょ？　あれはヴェールを持っていっちゃったからなんですって。逆に言うと、ヴェールを持ってきているから「あの人だ」って、わかるんです。安心でしょ？　心配はいらないのです。

自分はうっかりしていても、魂は「生き通しだ」ということを知っています。

読者のみなさんのなかにも、「死」を恐れる気持ちを持っている方がいるのではないでしょうか。

怖がっちゃいけない、と言うのではありません。私が言いたいのは、なぜ人は「死」を恐れるんですか？　ということなんです。

その恐怖感をつくりだしている〝何か〟があると思うのです。

その〝何か〟とは何なのでしょうか。

って、言いたいのです。

「死」が怖いと思うのは、死んだあと、自分がどうなるのかが、わからないからだと思うのです。

頭では「死んだら終わりだ」と言っていても、そう思っていないもう一人の自分がいるのかもしれませんね。つまり、あなたの魂はわかっているかもしれないのです。

ただ、一人さんも、私も、それを証明しようとは思わないのです。なぜなら、「正しいか正しくないかは、どうでもいいこと」と言ったら、語弊《ごへい》があるのですが、要は、寿命を終えたときに、すべてが明らかにされることだと思っています。

それよりも、私たちにとって大切なことは「しっかり死ぬ」ということなのです。

ファンタジーのような話に聞こえるでしょうが、〝そのとき〟が来たら、どんな人にも〝白い光のたま〟がお迎えにきます。

数百年、浮遊霊をやっていてもちゃんと迎えにきていますす（注・〝白い光のたま〟に背を向けている時間が長くなるほど気づきにくくなるそうです）。

一人さんによれば、このことを知っている人は〝白い光のたま〟に向かっていけます。しっかり死ねますので、安心してくださいね。

死ぬと「愛は自由だ」ということがわかるだけ。

「過去世で自分が死んだときの記憶があるんです」と言う女性がいたんです。その人は、ふとしたときに、その記憶がよみがえってきてつらくなってしまう。そんな彼女に、一人さんがこう言ったんです。

「人間、死ぬときはすごく気持ちいいんだよ」って。

そのとき、私はそばで聞いていたんですが、正直ピンとこなかったんです。だから、「それって、どんな感じなの？」って一人さんにたずねました。

最初は、一人さん、

「恵美子、こういうのはピンとこないほうがいいんだ。だって、オレたちは今、生きているんだから」

そう言って教えてくれなかったのですが、あきらめられない私は、ずっと問い続けました。やがて、一人さんは根負けして話してくれました。

たとえば、激痛があるところへ痛み止めの注射をしてもらったことがある方、いませんか？　注射をしてもらうと、ほっとしますよね。

一人さん曰《いわ》く、「アレの何倍、何十倍もほっとする」って。「ものすごい解放感があるんだよ」と言っていました。

「解放される」というのは、何から解放されるのかというと、自分のなかから湧《わ》いてくる考えです。「地位や名誉、学歴がないとバカにされる」とか、「立派な人間にならないといけない」とか、「すごいと思われないといけない」とか、**自分をシバリつけたり、自分を責めるような考えから解放される**のだそう。

そして、一人さんは最後にこんなことを言っていました。

「自分は生前こんなことをした、これをしなかった、だから報《むく》いにあうんだと、自分を責めて死んだとしても、無償の愛に包まれるの。そのとき自分自身を縛《しば》っていた考えから解放されて、愛とは自由だということがわかるんだよ」

〝いのち〟は、どこから来て、どこへ行くんだろう……。

「オレたち、生きてるじゃない？　どうやって生きてると思う？」

昔、一人さんにそんな質問をされたことがあります。

私は、「〝いのち〟があるから生きてるんでしょ」と、即答したのですが――。

一人さんは、「ごめん、オレの言葉が足りなかった」と、申し訳なさそうな顔をして言いました。

「その〝いのち〟は、どこから来てると思いますか、って聞きたかったんだ」

日本では、私たちの魂（いのち）は天の神さまの分け御霊《みたま》ですよ、というふうに言われています。

これはどういう意味ですかというと、天の神さまの〝大きな霊〟――一人さんはその大きな霊のことを〝膨大《ぼうだい》な愛と光の海〟だと言います――があって、その霊を分けてもらったのが分け御霊、つまり魂なんです。

そのことは、ずっと前から一人さんに聞いていたので、

「私たちが生きているのは、天の神さまからもらった分け御霊が入っているからだよね、ここに」

私は自分の胸に手を当てながら、そう言いました。

一人さんは「正解だよ」って言ってくれたんです。


そのあと、私は一人さんにこんな質問をしました。

「ところで、〝いのち〟のはじまり、つまり〝魂のふるさと〟は、どこ？」って。

すると、一人さんは、

「〝いのち〟のはじまりは、不思議の領域なんだよ。不思議というのは、思っても、議論してもいけませんよ、ということなんだよ」

と教えてくれました。

私は「思っても議論してもいけないんだもんね」と納得して、あのギモンを頭から消去したのですが――。


それから数年後、私は心の勉強をするために渡米することになりました。

私が向かった先は、豊かな自然のなかにある、とある研究所。

そこは、日本をはじめ世界各国から心理学者や治療家たちが勉強におとずれる場所でした。

敷地内には露天風呂《ろてんぶろ》があり、夕日が沈む頃、いっしょに勉強をしている人たちと温泉につかるんです。

英語がしゃべれる人たちは、そこで知り合った人たちと情報交換をしたり、マッサージをしあったりと、みなさん思い思いに過ごしていました。

私は英語が話せないので静かに景色を眺《なが》めながら温泉につかっていました。

目の前に見えるのは、太平洋と広い空だけ。何とも言えない開放感を満喫《まんきつ》していたんです。

すでに太陽が沈み、夜空に月が現れたときのことです。

「わぁ、なんてきれいなんでしょう」

月の白い光が海面に映し出されていたのでした。

それはまるで、海に白く輝く光の道ができたかのよう。
そして、その光の道は、地平線の彼方《かなた》へと延びていました。

その景色を見て、私はふと、思ったんです。

〝魂のふるさと〟は宇宙なんだ。
この〝いのち〟は、やがて宇宙に帰るんだ、って。

そう思ったと同時に、得《え》も言われぬ、安らぎに包まれました。
あの日を境に、私は「死」を恐れることがなくなってしまったのです。

死んだあとに天国に行こうとするよりも、「この世を天国にする」ことを選んだほうが幸せです。

昔の人は、「天国」と「地獄」という、二つの世界を対比させる――つまり、地獄のおそろしい世界を際立《きわだ》たせる――ことによって、「悪いことをするとこうなりますよ、だから〝いい子〟にしていなきゃいけないんだよ」

ということを、子どもたちに教えてきました。私もそういうふうに教わってきたんですけれど、何年か前に一人さんがこう言ったんですね。

「世の中の波動が変わった、教えも変わったよ」って。

それまでは、怖い話を聞かせて〝よい行い〟に導く、というやり方だったけれど、これからはそうじゃない。一人さん曰く、**これからは、天国は死んでから行くところではなく、この世を生きている今、自分がいるところを天国にすることができるんです。それも、楽しくて簡単な方法で！**

じゃあ、どうやって〝今ここ〟を天国にするのか、というと、自分の心を明るく楽しくハッピーにすればいいのです。

具体的な方法を紹介すると、たとえば、自分がより魅力的になるメイクやファッションを取り入れてみる、とかね。

それから、好きなタレントさんが自分の恋人だと妄想《もうそう》したり、自分の使命を果たしているときも、楽しくて幸せですよね。

会う人、会う人に、笑顔でやさしい言葉をかけるのも、めちゃくちゃ、おすすめです。相手から笑顔とやさしい言葉が返ってきてハッピーになっちゃいますよ。

他にも、いろいろあると思いますから、自分にやれそうなこと、簡単なことからチャレンジしてみるといいと思います。どんなに小さなことでも、行動することで展開が変わってきます。あなたも〝今ここ〟で天国の住人になれるのです。

天国に行こうとした瞬間、「しまった」と後悔するのだそうです。今世を生き抜くことのほうが楽なんです。

今が幸せだと、人は「地獄へ行きたくない」と思う傾向があるのだそうです。

逆に、現実の世界でたいへんな思いをしていると、「天国に行きたい」ということばかり考えちゃうのだそうです。


ちなみに、私は「天国に行こう」としたことも、思ったこともありません。それは、私の場合、今世で「死」を体験しているからだと思うんです。

親戚の話によると、母のお腹《なか》から出てきたとき、私は黄疸《おうだん》がひどく、死亡と診断されたそうです。棺《ひつぎ》も用意されたのですが、うちの母だけは、

「この子は死んでいない」

と言い張ったそうです。

周りの人々が「早く棺に入れなさい」と、うながしているのにもかかわらず、母は私を両手で抱きしめて必死で抵抗したそうです。

そうこうしているうちに、

「オギャー！」

と私は声をあげたのだそう（生き返ったというよりも、仮死状態で生まれた、ということなのだと思います）。


今も、私はイメージのなかで「オギャー！」と泣いた〝あの瞬間〟に戻ることがあるのですが、その度に、私はしみじみ思うんですね。

「生きてるだけで儲《もう》けもんだ」って。


なぜかというと、たとえば、**生きているといろんなことが起きますよね。その経験が増えていくにしたがって、私は、どんなものも「やがて必ず過ぎ去る」こ**

とがわかってきたのです。

すると、たいへんな思いをするようなことがあったとしても、「このままの状態は続かない」ことを知っている私は「ここから先のこと」を考えて行動できる。

それって、私にとって「儲かった」ということなんですよね。

「やがて過ぎ去る」ことを知らないと、悩みを抱えているときに「このままの状態が続く」ような気がしてしまうと思うのですね。

なかには、「天国に行ったら楽かな」と思うこともあるかもしれません。

ところが、自《みずか》ら天国に行こうとして〝未遂《みすい》に終わった人〟の話によると、実行しようとしたその瞬間、「しまった」と思った、と言います。

また、一人さんから聞いた話によると〝未遂に終わらなかった人〟は、亡くなったあとに「自分の考えは、間違っていた」と、気づくのだそう。

というのは、来世は〝その続き〟をやらなくてはならない、ということを思い出すからです。

そんなことを経験することによって、**今世の人生を生き抜こうとしたほうが楽で楽しい、**ということを学ぶのだと、一人さんから教わりました。

いろいろ書きましたが、実を言うと、私がここでみなさんに伝えたかったことは〝たった一つ〟なんです。

「生きてください」

ただ、それだけなんです。

どんなことがあっても生き抜く、その力を養《やしな》いましょう。

ちなみに、生き抜く力は、どのようにして養うのかというと、「欲を否定しないこと」がいちばん大切です。

なぜなら、欲は、自動車で言うとガソリンと同じ役割を果たすからです。

欲を肯定し、そして、自分の使命を果たしましょう。

私は、一人さんにそう教わってきたおかげで、ここまで歩いてこれました。

シバリがほどけてくるとわかるんです。あの人、この人たちと自分は、〝同じ一つ〟だと。

いつかのドライブ中、一人さんが「死ぬと意識が広がるんだよ」ということを話してくれたことがあるんです。

「意識が広がる」とは、どういうことかというと、たとえば今、鏡を見るとします。

鏡に映っている人を見て「自分だ」って思いますよね。それは、自意識がはたらいているから、自分は自分、人は人だと区別するんです。

ところが、一人さん曰く、「死ぬと意識が広がって、おとうさん、おかあさん、あの人、この人との区別があいまいになってくるんだ」と言うのです。
「段々だんだん、自意識があいまいになってきて、やがてみな同じ一つの〝愛と光〟の分け御霊だ、人間は神なんだ、ということがわかってくるんだよ」と、一人さんは言っていたんですが、実は、〝今ここ〟で意識を広げることもできるんです。それも、めちゃくちゃ簡単な方法で。

その方法とは、一人さん直伝《じきでん》の神言葉「ふわふわ」を唱《とな》えることです。

「ふわふわ」「ふわふわ」と唱えていると、思考の枠《わく》が外《はず》れてきます。

そうすると、たとえば、「あの人、こうなってくれたらいいのに……」と思っているときは、視野が狭い、というかな？　その人がそれをするにはそれなりの理由があるんだろうな、とか考える、ゆとりなんてないじゃないですか。

ところが「ふわふわ」「ふわふわ」と唱えているうちに、「あの人が変わらなくてもいい、私が私を幸せにすればいいんだ」とか、「あの人がああいうことを言うのには、何か理由があるのかもしれないな」と考えるようになってきます。それって、相手を思いやっていること、意識が広がった、ということなんですよ。

〝今ここ〟から「意識を広げよう」と思えば、意識は広がると言いたいのです。そのほうが、きっとステキな人生を送れると、私は思っているのです。

「人は生き通し」ということを知っていても、「死にたくない」と思うのが人間なんです。

十数年前、私は渡米して、とあるワークショップに参加したことがあるんです。そのワークショップは、人間の潜在《せんざい》的な可能性を広げることをテーマに活動をしている団体が提供しているものだったのですが、そこで私はなんと‼ 幽体《ゆうたい》離脱《りだつ》をしてしまったんです。

民族楽器が奏《かな》でる音とリズムに身をゆだね、呼吸を整えていると「ジーン」というような感覚がきて、その後、自分の魂が上昇していったんです。

「最高に気持ちがいいなあ」と思いながら魂は上昇していき、宇宙空間のようなところで私はいろんなものを見て、そして、横たわる自分の体を見ました。

私は「あれ？　なんで自分の体を見てるんだろう、私」と思ったんです。

と、そこへ、「恵美子、恵美子」

その声の主は一人さん。私は「ほっ」として、でも、すぐに心がザワつきだしました。なぜなら、一人さんから聞いた話——死ぬと、自分が好きな人の声、安心させてくれる人の声を、守護霊さんが聞かせてくれる——という話を思い出したからです。そして、私が聞きたいのは師匠の一人さんの声でした。

「聞いてるか？　恵美子。人というのはな、死ぬと、あっちぶつかり、こっちぶつかりしながらも生きてきた、この人生が輝きだった、ということがわかるんだよ」

「嫌だ、私、死んでる場合じゃない!!　やることいっぱいあるんだから!!」

私（の魂）は慌《あわ》てて自分の体のなかに入ろうとしたのですが、なかなか入れない。なのに、一人さんったら、「よかったなあ、恵美子」と、しみじみ言うんです。

いいわけないでしょっ！　という言葉が出そうになった、そのときでした。

「生きてるときは生きてることがすごいことなんだってなかなか気づかないけど、死ぬと気づくんだよ。生きてる、ということは素晴らしいんだ、って気づく人がいるの。だけど、しっかり死ねなくて、気づけない人も結構いるんだよ。わかるかい？　死んで気づけただけで、相当立派なんだって言いたいの」

一人さんのこの言葉で、私の何かの〝スイッチ〟がカチっと入ったのでしょう、私は自分が歩いてきた道のりを、まるで映画を見るようにして、ふりかえって見たのです。

あっちぶつかりこっちぶつかり、笑ったり泣いたり、自分の器《うつわ》の小ささに気づいて「もう嫌だ‼」って思ったことも山ほどありました。

それでも、柴村恵美子は一生懸命でした。未熟なときほど一生懸命だった。

そして、そんな自分を、宇宙にいる自分が眺めたとき、不思議ですね、あっちぶつかり、こっちぶつかりしていた自分が、本当に輝いて見えたんです。

「一人さんが言っていたことは本当だった。生きている、ただそれだけで、すごい宝物なんだ。あぁ、なんて、ありがたいことなんだろう」

あらためて魂の世界ではふるさとは宇宙だとわかり、感謝が言葉になってあふれ出た、そのとき、私はぴゅっと体に入り、現実の世界に戻ってこれたのです。


あのときの私は「人は生き通しだ」と知っていました。それでも私は死にたくなかったんです。なぜなら、柴村恵美子として生きる人生は一回きりだから。

だから、柴村恵美子の人生に、縁《えん》があって登場してくれた人たちに、私はもっと笑顔で接したかった、もっともっと愛のある優《やさ》しい言葉をかけたかった。

やりたかったこと、まだ全然やりきっていないことがたくさん出てきました。

だから、私は「死んでいる場合じゃない!!」と思ったんです。

今も時々、あのときの体験を思い出して考えることがあります。あのときから自分はどれぐらい成長したかな、って。

意外と人ってね、大きく変わらないいんですよ。

でもね、未熟《みじゅく》で一生懸命な柴村恵美子を宇宙から眺めたときのことを思い出すと、私は、どんなときも自分を否定する気になれないのです。自分は自分の応援団長でいようと思うのです。

「人は生き通し」なのに、なぜ「死」があるのか。

以前、ある人からこんな質問をいただきました。

「魂は永遠不滅なのに、なぜ「死」というものがあるんですか？」

この問いの答えはいくつもあると思います。

ちなみに、私にとって「死」とは気づきです。なぜなら、私は今まで何度か幽体離脱を体験するなかで、気づかされたことがたくさんあるんです。だから、「死」は大切なことに気づくためにあると、私は思っています。

私にとって忘れられない気づきは、79ページで紹介した幽体離脱のときにやってきました。

「自分は死んじゃったんだ」と思ったとき、私のなかから、ある思いがわきあがってきたんです。それは、**「大切なあの人に会いたい!!」という思い**でした。

それはもう尋常《じんじょう》なものではありません、胸が焦《こ》がれるほど、会いたくて会いたくてしかたないのです。もう会えないなんて信じられない、つらくて、つらくてしかたがないのです。

私にそんな思いにさせた人の顔が見えました。

誰だったと思いますか？

実は、師匠の一人さんではなかったんです。
私が会いたくて会いたくて、しょうがなかった、その人は、なんと!!

私、柴村恵美子だったのです。

どんな人も一生懸命、生きています。とくに、スピリチュアル関係の本を好んで読むような人は、日ごろから誰かのためにがんばったり、役に立ちたいと願っていると思います。それは、素晴らしいことだと私は思っています。
だからこそ言いたいのです。
自分をもっと大事にしてください。

「私は自分を大事にしています」という声が聞こえてきそうな気がするのです

が、でも、私が言っているのは「もっと」なんです。

あなたが死んでしまったら、もう二度と、大切なこの自分と会えないのです。
その切《せつ》なさたるや。

だから、もっと大事にしてください。
どんなときも、自分が自分の味方でいてあげるんです。
自分が自分の応援団になってあげるのです。

第3章

あなたは何のために生きるのか

～一人さんの場合

斎藤一人

もし、肉体も永遠不滅だとしたら、この世の中は、つまんなくなると私は思うんです。

「人は生き通し」でありながら、私たちはこの世に生まれた瞬間から、「死」に向かって前進しています。すべての人に「寿命」というものがあるんです。

そのことについて、みなさん、それぞれに思うことがあるでしょう。

ちなみに、一人さんは、苦しむために「死」があるのではないと思っています。「死」があるからこそ、人は「生」を大事にして生きようとします。それによって、人生の味わいがより深くなってくるのです。

「生」を大事に生きるとは何ですかというと、一人さんは、一生懸命、学ぶことだと思っています。簡単に言うと、幸せの追求です。

自分が幸せであるために何が必要なのか、もっと幸せになるために自分ができることは何だろう――これを追求していくんです。

幸せになるには、まずお金が必要です。自分や家族を養《やしな》うのにお金がいる。だから、働いてお金を稼ぎ、収入の一部を貯金に回すんです。

ただ、世の中をよーく見てみると、お金持ちになっても、幸せになっていない人がいるでしょ。だから私は、**お金を稼ぐこと、貯《た》めることの他に、「心の幸せ貯金」が必要なんだ**と思っているんです。

「心の幸せ貯金」とは、たとえば、自分の「使命」を果たすことがそうです。目の前の人に笑顔で接し、肩の荷が軽くなるような言葉をかけることもそう。

「心の幸せ貯金」をしているとおもしろいのは、ほら、仕事でも人間関係でも、なんとなくうまくいっちゃう人っているでしょ。

そういう人は「心の幸せの貯金」をたくさんしているんです。

わかりますか?
あなたも、もっと幸せになる、幸せは無限ですよ、と言いたいのです。

そんなに力まなくても、幸せって簡単になれるんです。

私の父は年がら年中旅をしている人でした。父が旅から帰ってくると、私はわざと「お土産《みやげ》♪　お土産♪」と言うんです。なぜなら、父はお土産を買ってこない人だったから。

お土産を買ってこないのは、父なりの考えがあったからなんです。

「わざわざ買ってくるほど、うまいものなんてないんだ」って、父は言うんですよね。「その土地のうまいものは、そこに行かないと味わえないんだ。だから、お前も旅に出ろ」って。

だから、私は子どもの頃から旅をしていたんです。元々、旅好きだったから、それこそ、行っていない場所を探すほうがたいへんなくらい各地を旅しました。行くとこ、行くとこで、いろんな楽しいことが起きるんですけど、たとえば、夜行列車で旅をしたことがあるのね。

上野駅から夜、汽車に乗って、翌朝、目的地に着いたんだけど、いやあ、遠かったなぁ。しかも、ホームに降り立ったら、寒いのなんの、極寒《ごっかん》なんですよ。あたたまろうと思って、私はパチンコ屋に入り、パチンコをはじめたんだけど、「アレ?」って。入賞口《にゅうしょうこう》に玉が入ったわけではないのに次から次と出てくる。おかしいなと思ったら、そこではたらく女性が私のことを気に入ってくれて、出玉を調整してくれていて、いやあ、驚いたのなんの(笑)。

私の半生は、こんなふうに笑える思い出ばかりです。そして、「あのとき、ああしておけばよかった」ということが一つもないのです。あのとき「ああしたい」ことはああしてきたし、「こうしたい」ことはこうしてきたんです、一人さんは。

それは私が**「悔《く》いなき人生を送ろう」と思っていたからではない**んですよ。

一人さんってね、昔からガマンができない人だから、**なんとなく「こうしたい」と思ったことを素直に行動に移した、ただそれだけなんです。**

それは私にとって「ふつうのこと」だと思っていたのですが——。

思っていることを隠しすぎていませんか？

悩んでいる人の話を聞いていると、共通点があることがわかったんです。

その一つが、自分の気持ちを抑《おさ》えている、ということです。

たとえば、ある日、出かけた先で、ダンナとの仲がしっくりきてない女性がいたんです。いかにつまらないダンナさんなのか、そこにいる人たちに説明していたんですが、突然「実は、私、好きな人がいます」と言いだしたの。

「その人はモテる人で、『彼が好きなの』って、私に言ってくる人がたくさんいて」って言うのね。

私はこの女性にたずねました。「それを言ってきた人に、私だって彼のことが好きよ、って、なぜ、あなたは言わないの？」って。

すると、その女性は目を丸くして「えっ、いいんですか？」って言うのです。

自分の気持ちを表現することを、なぜ、いけないと思っちゃうの？

もちろん、思ったことは何でも言っていいわけじゃない。相手が傷つくようなことは言わないほうがいいんです。たとえば、「彼が好きだ」と言っている人に対して「どこがいいのよ」とか、否定するようなことを言うのはよくないですよね。

だけど、「私も彼のことが好きなんだ」と言う、それの何がいけないの？

人を好きになるのは、恥ずかしいことでも何でもないんですよ。

結婚したら、夫だけ見ていなきゃいけないとか、いろいろ言う人がいるのかもしれないけど、でもね。人間の目はいろんなものが見えるようにできているのです。

神さまは、夫しか見えない目を与えたわけではありません。そのなかで、夫は奥さんがホレ続けるような生き方をしたほうがいいんです。

逆に、夫の目は奥さん以外の女性も見えるのだから、奥さんももっと魅力的になったほうがいいんです。

じゃあ、**より魅力的になるにはどうするかというと、自分が思っていることを隠しすぎるのをやめること。そうです、好きなものは「好き」と言っていいのです。**

好きなものは「好き」って言うと、何がうまくいくのか。

「幸せの道」というのは、本当は誰にでもあります。私には私の道、あなたにはあなたの道があるんです。その道が、なかなかはじまらないあなた、もしかして、周りの意見のほうを聞きすぎていませんか？

周りの人の言う「幸せの道」は、周りの人が歩く道です。それは、自分の道ではない生き方なのに、そうしなくてはいけないと思い込んでしまっているから、なかなか、自分の道がはじまらないのです。

人の意見は聞いてもいいんです。ただ、最終的に、どう生きたいのかを決めるのは自分です。だって、誰かの意見に従って生きたら、それは誰かの人生になってしまうでしょ。

というよりもね、誰かの人生を生きようとしても、結局、人は自分以外の人間にはなれないんですよ。だから、モヤモヤするんじゃないかな。そして、そのモヤモヤは、天の神さまが、そんなことを望んでいない証拠じゃないかな。

それよりも、自分の気持ちに素直になって、一歩、足を踏み出してみること。

そこから、自分の「幸せの道」がはじまるんです。

私はそう思っているから、前項に登場した女性にも言ったのです。「好きなものは、好きだって言えばいいんだよ」って。「もし、あなたが、そうしたいのなら、その男性にも好きだって言えばいい。それって悪いことではないからね」と言いました。

そう言ったのは、その男性とうまくいくからではないんですよ。今まで自分を抑えて生きてきた人が、自分の気持ちに素直になれるって、ものすごい解放なんです。たったひと言、「好き」と言えただけで幸せなんです。

その幸せが、この先につながっていく。ここから先の人生がうまくいくんです。

ただし、これはあくまでも一人さんの意見なんです。

あなたは、あなたの幸せを追求して明るく楽しく生きていくことです。

「自分で決めたこと」だから、最後までやり抜くことはないのです。

「自分でやると決めたことは、最後までやりなさい」

という言葉があるでしょう？

これを聞いていると、正直、私ね、ピンとこないんですよ。


私が自分でやると決めたことだから、私はやるんです。

というのはわかるんです。

自分でやめると決めたことだから、やめる、というのもわかる。

本人が「やめる」と決めたのに、周りが「自分で決めたことだから最後までやり抜きなさい」って、なぜですか？

本当は、そう言ってる周りの人が、やり抜きたいんじゃないですか？

そうだとしたら、あなたが自分の思った通りに生きればいいんです。

それを「自分で決めたことだから守らなきゃ」って、人をコントロールしようとするけど、自分で「やめる」って決めたんだから、その通りにさせればいいの。


そもそも、「使命」とか「天命」とか、「自分の幸せ」というのは、いろんなことをやりながら、自分で見つけていくのが何より楽しいことなんです。

逆を言うと、いろいろ、**やってみないと「これ、楽しいな」とか、「これは自分に向いてないな」とか、「これやってると幸せだな」とか、わかんないの。**


「最後までやり抜きなさい」って言われても、人というのは、いろんなことを経験するために生まれてきているんですよ。だから「これは自分に向いてないな」って思ったら、すぐ次に行かないと、いろんな経験ができなくなっちゃうかもしれないんですよ。

人生一〇〇年時代と言ってもね、意外と「あっ」と言う間に時間は過ぎちゃう。最後までやっているヒマなんて、ないんですよ。


「飽きてしまった」って、責めちゃダメなの。人に対しても、自分自身にもね。


「私はバレエを習いたいんだ」ってバレエをはじめたら、飽きちゃった。「自分の、この飽きっぽい性格をなんとかしたい」っていう人がいるんですけど、飽きたからって責めちゃいけないの。

なぜかというと、変わることだったり飽きることで人生ができてくるから。

展開が変わって、新しい楽しみを見つけたり、そこで出会う人がいるんだよね。

だから、**「嫌になる」なら、早くなっちゃう人のほうが、運がいい**んですよ。

大切なことだから、もう一回、言いますよ。人は飽きる生きものなんです。飽きたら、それまで払ったお金や時間、努力が「無駄になった」って言うけど、無駄じゃないんです。

「自分でバレエをやりたいって言ったじゃん」って、最初は、やりたかったの。やってみたら、自分に向かないことがわかった。**自分に向いているもの、向いていないもの、これがわかっただけで、人生は成功なんです。**

男女の仲もそうなんです。一生、続く人たちもいるの。つきあっているときは「ずっといっしょ」と思っていても、結婚したら「結婚に向かない」ことがわかる人もいる。どっちが「正しい」じゃない、自分と他人とでは、生きる道が違うんです。

別れない縁《えん》もある。別れるときがくれば別れる縁もあるの。それが、前世からの続きでそうなっている場合もあるんですよ。

人間の社会で生きていくのに、「何が、正しいか」ということも大切でしょう。
ただ、正しさよりも「何が、楽しいか」のほうが大切だと私は思っています。
なぜなら、人間って感情の動物なんですよ。
人間の社会は、「正しさ」だけで成り立っているわけではないんです。
そして、われわれを生かしているのは、「楽しい」という思いなんです。

周りをぐるっと見渡して、幸せそうにしている人をよく見てください。

ある人から聞いた話によると、この世の中には、自分の人生を楽しみつくせる人と、そういうふうに生きるのは難しいと思ってしまう人がいるのだそうです。

私は、この話を聞いたときに、一つギモンに思ったことがありました。
それは、〝幸せ〟というのは「人生を楽しみつくさなくては手に入らない」ようなものなんだろうか、そんな重々しいものなんだろうか、というギモンです。

というのは、**私が日々感じている〝幸せ〟って、「もっと軽い」**のです。

読者のみなさんが、もし〝幸せ〟は「ちょっとやそっとで手に入らないもの」と思っているのだとしたら、一度、ためしに周りをよーく見渡して、幸せそうな人がやっていることを観察してみてください。

幸せそうな人がやっていることを見ていると、たとえば、好きな役者が出ている映画を見に行くとか、かわいがっているペットの写真をスマホの待ち受けに使ったり、週末に流行《はや》りのスイーツを食べに行くとか、あなたが「なんだ、そんなことか」と思うような、軽い楽しみをやっていることに気づくかもわかんないね。

気づいたら、自分も**軽い楽しみを一つひとつ拾い集めて、どんどん、どんどん積み重ねていけばいいんです。そうすれば、チリも積もれば山となるからね。**

貯金だって、いきなり「一億円、貯めよう」なんて思わないでしょ。「一日一〇〇円ずつ貯めよう」とか、自分ができそうなところからはじめるじゃない？

それと同じように、軽い楽しみを、どんどん、どんどん積み重ねていくんです。

軽い楽しみを積み重ねていく過程に、ささやかな発見があり、創意工夫が生まれたりするんですよ。

そういう意味で言うと、積み重ねの過程こそが人生のだいご味じゃないかと、私は思っているのです。

「人生の学び」のいちばんのポイントは、暗くなったら明かりをつける、ということです。

昔、「日本人は単一民族だ」と学校で教わった人もいると思うのですが、最近は「どうやらそうじゃない」ということがわかってきたそうなんです。

ポリネシア（ニュージーランドやハワイなどを含む、南の島々）のほうから、海を渡って日本にたどりついた人がいたり、ヒマラヤ山脈を越えてきた人もいる。

それから、中近東のほうから日本にやってきた人もいるらしいのです。

テレビで相撲《すもう》の中継を見ていると、行司《ぎょうじ》が「はっけよい、のこった」と言っている場面を見かけるじゃないですか。「はっけよい」は、ヘブライ語（古代イスラエルの言葉）で「どっちもがんばれ」――ヘブライ語の「はっけ」とは「なげつけろ」、「よい」は「やっつけろ」、「のこった」は「投げたぞ！　やったぞ！」の意味――なんだそうです。

また、「日本」という字は「やまと」と読むこともあるのですが、「やまと」はヘブライ語で「神の民」なんだと聞いたことがあります。

ともかく、われわれの祖先は、いろんな国と地域から集まってきたんです。それも、東に向かって旅をする途中の村に踏みとどまった人もたくさんいたなかで、日本人の祖先は旅を続けました。途中、賊《ぞく》に襲われたり、疫病《えきびょう》が流行ったり、いろんな問題が起きても前に進み続けた旅好きな人たち。もっと言うと、東に向かう旅を最後まで続けた、途方もなく運の強い人たちなんです。

さて、私はよく「人は人生という旅をしているんだよ」って言います。人生の旅路でも、いろんな問題に直面して悩んだり困ることが出てきます。そんなときは**「前に進むことをやめなかった旅好きで、強運な人たちの血が自分にも流れている」と想像してみると、少し光が見えてくるかもしれません。**

何を言いたいのかというと、暗くなったら明かりをつける。

これが「人生の学び」のなかで、最も重要なポイントなんです。

人生には三つの闇がある、って言うんです。そのなかの一つが「名誉」なんです。

サラリーマンでも、自分でお店をしている人でも、経営者でもね、出会いを求めたくなるときがある、という話を聞いたんですけれど、出会いを求めること自体に、いいも、悪いもないんですよ。

ただ、大学の教授とか、テレビに出ている人とか、有名な人たちの集まりに参加して、名刺交換をしたり、スマートフォンでツーショット写真をとったり、そういうことをしているうちに、名誉や肩書に気をとられちゃうときがあるんです。

それはそれで、当人にとって必要な学びのときだと私は思うから、頭ごなしに「ダメだ」とは言いたくないんです。ただ、学んでいる人を見ていると、何が大切なのかがわかってない。そういうふうに、私には見えるんです。

いちばん大切にしなきゃいけないのは、日ごろから自分たちを支えてくれている人たちです。まるかんの社長たちで言えば、特約店さんとそのお客さんだったり、自分の会社の従業員なんです。

それを、肩書や名誉に気をとられちゃって、そういう集まりに参加して名誉だけもらうとね、やがては、その名誉が足かせになって、自分らしく、伸び伸びと生きられなくなってくることがあるんです。

そんな人生で、あなたはいいんですか？

ともかく、自分の会社の商品を買わない有名な人よりも、うちの会社の商品を毎月一つ買ってくれている一般の方のほうが、うちにとってはありがたいし、そういう人こそ大事にしないといけない。と、私は思っています。

ただ、名誉や肩書きに気をとらわれるのは、生き通しのなかで多くの人が一度は通る〝道〟なんです。このことも加味《かみ》して指導していくことが、上に立つ者の務めなんでしょうが、これは私にとって完成することがない学びです。生きてるうちは、ずっと勉強です。

人生には三つの闇があって、その一つが「名誉」なんですが、あとの二つは「お金」と「愛」なんです。

前項の見出しで、「人生には三つの闇《やみ》がある」と書きました。

そのうちの一つが、すでにお話しした「名誉」です。
あとの二つは何ですか、というと、「お金」と「愛」なんです。

誤解しないでくださいよ、**名誉がほしいなら名誉を求めていいんです。経済的に豊かになりたかったら、そこを目指せばいい。誰かを愛していいし、愛されるための努力もしていい**のです。

ただし、愛し愛されたい、豊かになりたい、名誉がほしい、これらはみな「欲」なんです。欲は必要だからついているのですが、その一方で、だまそうとする人間も、この世の中にはいるんですよ。

だから、この**「欲」という闇に対して明かりをつけないといけない。つまり、だまされないために、智恵《ちえ》という明かりが必要なんだ**って、私は言いたいのです。

たとえば、自分の子どもを愛してる、孫もかわいい、そこにつけこんで、あなたをだまそうとする人間がいて、振り込め詐欺《さぎ》という犯罪が起きてくるんです。

だから、そういう人間に、つけこむ隙《すき》を与えないよう、電話で「オレオレ」と言われたら、「誰だれ？」と言い返すくらいの、知恵が必要なんです。
「これをすると、これだけ儲かりますよ」と言われたときに、どんなにお金が入ってきても、人間が食べられるご飯はせいぜい一日三食だということくらいは、思い出したほうがいいのです。

そういう明かりを持って、自分のやりたいことをしたり、自分がほしいものを手に入れる努力をする。たとえば、恵美子さんだったら楽しくお金を稼いで好きな洋服を買ったり、ＹｏｕＴｕｂｅを自分の楽しみとしてやればいいのです。
そうやって生きることが、自分も他の人たちも幸せにすることになるんです。

逆上がりに挑戦して一〇〇回目に「できた!!」それまでの間、九九回練習しただけなんです。

たとえば、逆上がりにはじめて挑戦する人がいるとします。逆上がりの練習をして一〇〇回目に「できた!!」ということになったとします。

一回目から九九回までは「練習をしていた」んですよね。

一回目で逆上がりができちゃう、そういう人もマレにいるのかも知れないけど、たいがいの人は、何回か練習してできるようになるんですよね。

練習しながら「こうしたらうまくいかなかったから、今度はこうしてみよう」とか、「こうしたらもっといけるかもしれない」とか、ちょっとずつ学んでいって、最終的に「できた!!」ということになる。

だから、失敗ではないんですよ。練習して学んでいる、ただそれだけなんです。

人生も逆上がりといっしょ、失敗はありません。

私たちは、何かを学ぶために生まれてきているんです。人間は、出会う人、起きる出来事から何かを学んで生きています。それも、失敗しているように見える

ときこそ、何かを学んでいるんです。

だから、たとえば、「自分は、昔、若気の至りで、深夜ブンブン爆音をならしながら、バイクに乗っていました」という人がいるんだけど、その人は、ブンブン鳴らしながらバイクに乗ることで、何か学ぶことがあったんです。

知らない人は「あんなバカなことをして」とか思うのですが、その、バカなことから何か学ぶさだめを持って生まれてきた人もいるんです。

確かに、ブンブン走ったことで、人さまに迷惑かけたこともあったでしょう。ただ、「魂《たましい》の成長」という観点から見ると、それは決して失敗ではなく、当人が成長するために必要な過程なんです。

そんな、バカなこともやりながら、人は学び、そして生きる。だから、人間は生涯「学生」なんです。と、私は思っていて、ずっと学生を続けているんです。

思ったようにいかないと「しかたがない」って言うんです。それは「今はしかたがないが、次は……」という意味なんです。

日本でもそうなのですが、いろんな国に華僑《かきょう》（中国に生まれたのち、外国に移住した人、またはその子孫）の人たちがいて、活躍しているでしょ。

そんな華僑の人たちには、華僑の人ならではの、独特なとらえ方のようなものがあって、それを調べてると非常におもしろいんですよ。

たとえば、何かうまくいかないときに、華僑の人たちは「しかたがない」と言うんです。それは、「マイッタ、お手上げだ」という意味ではないんですって。

うまくいかないのは何か理由がある、間違いがあるんだと。だから、うまくいかないのは「しかたがない」と。そのあと心のなかでこう言うの。「今は」って。

つなげて言うと、「しかたがない、今は」ということらしいのね。

どういうことかというと、「今うまくいかないのはしかたがないよ。でも、次はきっと成功する」とか、「いつか、きっと」と思っているんです。

これは〝今〟だけ見て一喜一憂《いっきいちゆう》するのとは真逆《まぎやく》の反応です。ちょっと視野を広げて、長い目で見ているんです。

そして、「このまま同じ状態は続かない」そう思っているのです。

なぜ、華僑の「しかたがない」という話をしたのかというと、〝今ここ〟一点しか見えていないと苦しくなることがあるんです。

たとえば、「こうすれば、こうなる」と思って、やってみたら、思ったようにいかなかった、とかね。そのときに「今のままが続いていく」ような気がしちゃうと、目の前が真っ暗になっちゃうんですよ。

でも、**今のままが続くことは絶対にない。なぜなら、私たちのなかにある魂は、今より明るく、より豊かなほうへ向かい続けるから。**

何より、時間は無限にあります。**今世が無理でも〝次〟があるんです。**

人生最大の間違いは、間違いではないことを「間違いだ」と思い込んでいることなんです。

以前、ある人がこんな話をしてくれました。

何かうまくいかないとき、モヤモヤした感じがするときは「何か間違いがある」、そう思って「自分の何が間違っているだろうか」と考えるようにしていたのだけれど、なかなか答えが出てこない。

そこで、あるときふと質問を「自分はどういうふうに生きたいの？」に変えてみたら、少しずつ、やるべきことが見えてきました、という話だったんです。

「自分のなかに間違いがある」というのは、実は間違いではないんです。この人は、間違いではないことを「間違いだ」と思い込んでいました。それが、この人の最大の間違いなんです。

どういうことかというと、前にも言いましたが、「魂の成長」という観点から見ると、人生には間違いはないのです。人は、失敗や間違いを経験することによって、いろんなことを学びます。だから、私は昔から言うんです。

「失敗や間違いは〝見えない階段〟なんだよ、その人の魂レベルを一つ上にあげてくれる〝階段〟だよ」って。

私は、その人にそのことを話して、人生をより豊かにするコツを伝授《でんじゅ》しました。

うまくいかないとき、モヤモヤしたときに立ち止まって、こう考えるんです。

「自分は、どうしたら楽しいだろうか」と。

この質問を自分に投げかけると、「楽しい」に向かいだします。

何か楽しいことをしよう、楽しいことを考えよう、というふうになります。
これで、神さまはマルをくれるんです。

なぜなら、楽しいことをしているとき、人は幸せだから。
そして、あなたが幸せになることが、神さまの願いだから。

常に、想像もつかないような世の中になってくるけど未来は明るい、絶対によくなってるの。

少し前まで、「カノジョがほしい」とか、「出世したい」とか、「外車に乗りたい」という思いを持ってる男の人がたくさんいたんです。それが、最近はカノジョも外車もいらない、出世もしたくない、そういう若者が増えているそうなんです。

少し前までは、こういう世の中がくるとは、おそらく、ほとんどの人は想像していなかったと思うんですが、それでも未来は明るい、段々よくなります。

昔のほうがよくて、これから先に希望がないような気がするのは、今のこの一点しか見ていないからです。歴史をふりかえって、ちゃんと見ることです。たとえば、昔は地球の環境のことも考えずに大量にものをつくって、大量に消費して、大量のゴミを出していたんです。今は科学者から一般の家庭まで「地球にやさしいことをしようね」という考えに変わってきて、そういう技術の開発も進んでいるんですよね。今は昔よりよくなっているんです。

明日は、またちょっと、よくなります。段々よくなる未来は明るい。

「一人さん、よくも、そんな自信満々で言えますね」と言われるんですが、はい、私は確信を持っていますよ。天の御意思は、われわれがより豊かに、もっと幸せになることだと勝手に信じています。魂が向上すると幸せになるように、天の神さまは人を創《つく》っている、と私には思えてならないのです。

なかには、「こんな問題が起きて、この先どうなっちゃうんだろう」などと不安でたまらない人もいるでしょう。でもね、**この世の中はその不安の波動に刺激されて、その問題を解決する何かを生みだす人間が必ず現れるようになっています。**段々よくなるのです。

また、なかには下に行く人もいるでしょう。でも、下に行くとつらいから、やがては、上を向いて歩きだす。やっぱり、段々よくなる、未来は明るいのです。

不当なことを言う人に「ヨソへ行ってください」と言うんだという腹づもりができているかどうか。

魂が成長する過程には、必ず通らなきゃいけない〝関門〟のようなものがあるんです。仕事に関することで言うと、たとえば、不当なことを言ったり、やったりする人間が目の前に出てくることがありますよね。

そのとき、その嫌な人間に対して、「買っていただかなくて結構です。ヨソへ行ってください」と言えるかどうか。これが仕事における、一つの〝関門〟です。

一人さんの場合は昔からそれが言えるんです。それは、お客さんを大切にし、仕事を大切にし、お金を大切にしてきたからです。裏返して言えば、私がお客さんを大切するのも、**仕事・お金を大切にするのも、嫌な人間にケンカを売られたら、堂々と「買わなくていいですから」と言うためなんです。**

万が一、私がガマンしたら、うちで働いている人たち、取扱店さん、みんな、ガマンしちゃうんですよ。下手《へた》をすると、その思いを次の代に持ち越しちゃうかもわかんない。私は、そこまでして、お金儲けをしたくないんです。

もちろん、おとなしくて〝いい人〟には、やさしくするんです。

自分より立場的に弱い人、力の弱い人のことは守るんです。

だけど、不当なことを言ってくる人間に「買わなくて結構です」と言えるように、しっかり利益を出していかないといけない。

お金は稼げても、「買わなくていいです」という対応策があることを知らないと、神さまは、学ばせてくれます。そうです、嫌な人間がやってくるんです。


でもね、人間って本当に不思議なんですよ。

不当なことをする人間が来たら、「買わなくて結構です」と言ってやる!!

そういう腹《はら》づもりで仕事をしていると、そういう人間は出てこないし、出てきたとしても、たいした相手ではないのです。なぜか、そうなんです。

人は幸せになるために生まれてきたんです。使っていいもの、すべてを使って幸せになればいいのです。

〝幸せ〟って何ですか？　答えはいくつもあるんです。一人さんの場合は、明るく楽しい心だと思っています。だから、心が明るく楽しくなるようなことをして生きているのね。だって、不幸でいるより、幸せのほうがいいじゃない？

ただ、この世の中には、人間の力では太刀打《たちう》ちできないことがあるんです。

宮本武蔵《みやもとむさし》という剣の達人が、「神仏《しんぶつ》を尊《とうと》びて神仏を頼らず」――神仏は願うもんじゃない――と言ったそうなんですが、武蔵はものすごい天才なんです。武蔵ぐらい強い人は頼らなくても大丈夫なのかもしれないけれど、私たちは宮本武蔵ではないし、何より、人間には、どうしたって勝てないものがあるんです。

本を読む人が減っているこのご時勢《じせい》に、本を買ってまで勉強しているような人は、たいがい、努力でなんとかなるものは、なんとかしていることでしょう。

それでも、その努力が及ばないことがあるんです。そのとき、どうするのか。

この世の中には、みなさんが思っている以上に、使っていいものが、たくさんあります。たとえば、「想像する力」とかありますよね。

これを使って、たとえば、ご先祖さま、守護霊さま、指導霊さま、いろんな精《せい》霊《れい》たちが守ってくれているイメージや、一体化したイメージを思い描いてもいい。

あなたが幸せになるならキリストさんの教えを使ってもいいし、お釈迦《しゃか》さまの教えを使ってもいい。それでも不安なら、神さま、仏さまに手を合わせ、「お助けください」とお願いしてもいいんです。

そうやって、使っていいもの（できることならなるべくお金のかからないもの）すべてを使って、人は幸せにならなきゃいけない。私はそう思っています。
なぜなら、私は〝白い光のたま〟から教わったんです。
「人は幸せになるために生まれてきたのだ」と。

あなたは、自分が思っている以上に、すごい存在なんです。

私が子どもの頃に読んだ、中国に古くから伝わるお話で「愚公《ぐこう》山を移す」というのがあるんです。

どんな話かというと、昔、あるところに山があったんです。その山があるから、移動するときに遠回りをしなくてはならなかったんだけど、あるとき、愚公という老人が「この山を取り除いて、平《たい》らにしよう」と思いついて、山を崩しはじめたんです。愚公は、みんなにバカにされたんだけど、愚公は自信満々で、こう言ったんです。

山はこれ以上、大きくはならないが、人間は違う。私が死んだ後は、子どもが山をくずしてくれる。わが子は結婚し、孫が生まれる。孫も山をくずし、また子が生まれる。そうやって次々と子ができ、その子らが山をくずすから、やがて平らになるんだ、と。

愚公の思いを聞いた天の神さまは、わが子に山を担《かつ》がせ、山を別の場所に移したという物語なんですが、現実でもこのような奇跡が起きることがあります。

たとえば、私が最初、「幸せ」っていうと、また「幸せ」って言いたくなっちゃうようなことが起きますよ——などと言いはじめた頃は、「そんなことぐらいで現実が変わるのなら誰も苦労はしない」なんて言われていたんです。

それでも私は、「次の千年の種を植える」つもりで伝え続けていたんです。

そしたら今は、私の精神論に賛同してくれる人が結構いるんですよ。

〝大きなこと〟を成しとげようとか、言っているんじゃないんですよ。私が言いたいのは、人間には、ものすごいパワーが備わっているんです。

たとえば、叶《かな》えたい夢があるとする。そこへ、壁が立ちはだかった。そういうときは、まず、自分の心のなかを解決するんです。

「神さま、仏さま、守護霊さま、指導霊さま、ご先祖さま、お助けください」と、頼んでもいいんです。「自分には、神さま、仏さま、ご先祖さまがついてくれているから大丈夫」とか、自分に言い聞かせるのもいい。

このようにして**安心すると展開が変わります。最悪な状況が一転、奇跡のドミノが起きてくる。人間には、そういう不思議な力が備わっているのです。**

その不思議な力は、目で見ることも、手でふれることもできませんが、今こうしている間にも、私たちを生かし続けています。

その不思議な力は何かというと、〝いのち〟です（あるいは魂とも言います）。

一人さんは〝いのち〟の灯《ひ》を燃やして明るく楽しく生きています。自分だけでも明るくしていれば、周りを明るく照らす、と信じて。

また、明るく楽しい波動は、この地球に残り、これから生まれてくる人たちを明るく照らします。だから私は今日も明るく楽しく生きてます。

あなたはどうですか？　天に与えられた「いのち」を、どう使いますか？

第4章

この「いのち」輝いて

~「我」に限界あれど「いのち」は無限

柴村恵美子

ピラミッドをつくったのは本当に宇宙人なんですか？人間には〝偉大なる力〟があることを知っていますか？

一人さんが好きな言葉の一つに、「立派じゃなくても天下はとれる」というのがあります。

私がこんなことを言うのは、おこがましいかもしれないのですが、織田信長《おだのぶなが》や豊臣秀吉《とよとみひでよし》って、決して聖人君子《せいじんくんし》ではないんです。でも、その人の魅力にひかれるように人が集まってきて、天下をとったのです。

だから、一人さんは「立派じゃなくても天下はとれる」この言葉が好きなんですが、実を言うと、一人さんも決して聖人君子ではありません。たまに、「ふざけたことを言うんじゃない」って言うことがあるのです。何に対して、それを言うのかというと、人間をバカにするようなことに対してなんです。

たとえば、ピラミッドとか、ナスカの地上絵のように、古代につくられた、ものすごい構築物がありますよね。私が子どもの頃から、それらは「宇宙人がつくった」という説があって、私は何の疑いもなく信じていたんです。

ところが、一人さんは「人間にはできないって、本当なの？」と言うんです。

どういうことかというと、ピラミッドが「宇宙人がつくった」と言われる理由は何かというと「その当時は、今のように重機《じゅうき》がなかった」とか、「あんなに大きな石を人間が積み上げられるわけがない」とか、言われています。

ところが、一人さん曰《いわ》く、大阪城の、あの、ものすごい石垣《いしがき》については「宇宙人がつくった」と言っているのを聞いたことがない、と言うのです。

大阪城の石垣は総延長が一二キロ、高さが最大で三〇メートルを超えるんだぞう。その石垣を、重機を使わずにつくった。いろんな形の石を隙間《すきま》なく積んで、なおかつ、あんな大きな城をのせてもビクともしないのです。すごいでしょ。

ところが、「宇宙人がつくった」という〝声〟が聞こえてこない。

「それって、おかしくない？」って、一人さんは言うのです。

「大阪城の石垣は人間がつくったことを知っているから、宇宙人を持ち出さないんだよね。じゃあ、なぜ、ピラミッドには宇宙人を持ち出すんですか？

理屈で考えると『あんな巨石を上まで積み上げられるわけがない』になっちゃうんだよね。でも、一つの問題に対して打つ手は一〇〇〇個ある、って言うんだよ。

たとえば、ピラミッドを建てる場所の砂を使ってスロープをつくれば、石をひっぱっていける。完成したら、砂をどけちゃえばいいんだよね。

あの石をどこかから切り出して持ってきた、という説もあるけど、もしかしたら、あの石が、セメントのように何かを固めてつくった人工物だとしたらどうな

の？　あの場所でつくったものだとしたら、どうなんですか？
『古代人の知性はそこまで進化していない』と人は言うけど、人間をバカにしちゃいけない。知恵は古代も現代も同じくあるんだから」（by一人さん）

そのように言われると確かに、今、お釈迦《しゃか》さまの教えを使って幸せになろうとしている人がたくさんいます。私や一人さんもお釈迦さまの教えを勉強したことがあるんです。

ということは、幸せに生きる知恵を出せる能力が、お釈迦さまが生きた二〇〇〇年以上前の人びとにもあった、ということなんですよね。

もっと言うと、お釈迦さまは、自分が生まれる前からあった幸せになる考え方や自然界の摂理《せつり》を改良しただけなんです。キリストさんもそうなんです。

「人間は〝偉大なる力〟を持っているんだよ。天が与えたものから『人が幸せになるもの』を創《つく》りだせるんだよね。その力は一部の人間しか持っていないと思っ

たら大間違い。全員、持っているんだよ。みんな『いのち』を使って自分の人生を創造しているじゃない？　オレたちは〝偉大なる力〟を持って、ここに生まれてきているんだよ」（by一人さん）

アトランティスの魂が生まれてきてようが何だろうが、私は明るく楽しく生きるんです！

今さらこんな話をと思われるかもしれませんが、私は一人さんの商売の弟子ではありません。以前は「不思議なことの弟子」と言っていた時期もあったのですが、最近では、「人間力の弟子」と言うようにしています。

というのも、最近になって私は「一人さんから『人間の〝偉大なる力〟』を使えるようにしてもらったな」と、しみじみ思うからです。

それまで私は、自分と「人間の〝偉大なる力〟」とは、まったく別の話だと思っていたんです。「人間の〝偉大なる力〟」を持っているのは、世界的な科学者だとか、ごく一部の人だと、私は思っていました。

一人さんも説明のしようがなかったのかもしれません。「人間の〝偉大なる力〟」とは、そう簡単に言葉で説明できるようなものではないのですから。

ただ、ある人が「今度、ヴィトンのバッグを買います。清水《きよみず》の舞台から飛び降りるつもりで」と言ったときに、一人さんがめずらしく、こう言ったんです。

「ヴィトンのバッグのために、清水の舞台から飛び降りる、なんて言っちゃいけないよ。〝いのち〟（魂《たましい》）には無限の価値があるからね」

それから、日本でスマートフォンが普及したか、その前あたりだったと思います。

一人さんが「アトランティスの生まれかわりの人たちが生まれてきている」と言いだしたんです。世の中の幸せに貢献するような、新しいものが、これから、ものすごいスピードで出てくるだろうと言ったあとの、一人さんの言葉を私は忘れたことがありません。一人さんはこう言ったんです。

「じゃあ、オレたちには使命がないのかというと、そんなことはない。オレたちの使命は、明るく楽しく生きることだよ。

明るく楽しく生きていると、オレたちが死んだあとも、その波動は、地球に残り、これから生まれてくる人たちを幸せにするんだよ」

あの世のことは、あの世に行ってから考える。生きている間は、ここで明るく楽しく生きることを考えるんです。

「死んだらどうなるか」という話が好きな方が結構いらっしゃいます。かく言う私自身、そういう話が大好きで、一人さんからよく話を聞いていました。

ところが、何年も前から、一人さんが、そういう話をあまりしなくなったんです。理由を聞いたら、一人さんは「死んだらわかることだから」ということでした。そして、こんなことも言われたんです。

「あの世のことは、あの世に行ってから考えればいいんだよ。なぜですかって、今、生きているのは、ここだよ。あの世ではないんだよ。地球で生きているときは、ここで明るく楽しく生きることを一生懸命考えたほうがいいんだよ。そのほうが幸せになれるから」

では、どうやって明るく楽しく生きるのかというと、「自分で自分の機嫌をとる」のです。これが、世の中でいちばん大切なことであり、最高の徳積みです。

想像してみてください、今、自分の目の前に、機嫌のよくない人がいます。あなたの気分はどうなりますか？

よくないですよね。不機嫌な人のそばには近づきたくないでしょう。

だから、機嫌よくしていたほうがいいんです。それも、「自分の機嫌は自分でとる」よう心がけたほうがいい。なぜかというと、人に機嫌をとらせるような人には気を使うから、疲れるんです。そのような人とは、「また会いたい」「いっしょにいたい」とは思いませんからね——という話を、これまではしてきました。

でも、この本のテーマは「生き通し」なのでお伝えします。

「自分で自分の機嫌をとる」ことは、自分を自由にする、ということなんです。自分を自由にするとは何かというと〝自分の運命〟を楽しむことなんです。

困ったことから学んだことを、来世につなげていくんです。

人は死ぬと、〝白い光のたま〟が迎えにきていますので、そちらのほうを向くんです。すると、向いた瞬間〝白い光のたま〟が光の国へ運んでくれます。

光の国では、縁《えん》のある魂たちが迎えにきてくれて、なつかしいやら、うれしいやらで涙がとまらなくなるほど、なんだそう。

そして、**次に生まれるときは、どうするか、どんな親の元に生まれ、どういう環境で育ち、どういう人間に恋をするかとか、おおざっぱに決めます。**

それまで何回も何回も生まれ変わりを繰り返してきたなかで、自分が経験してきたことを踏まえて、「次の人生」を設定します。

たとえば、過去世で自分は役人か何かをしていて、商いをしている人を下に見るような人だったけれど、次は「どんな仕事も大切だ」「社会には立場上の上下関係はあっても、人間に上も下もない」ということを自分は学びたい!! と思ったとします。すると、たとえば「やってみたら頭も使うし、心の修行《しゅぎょう》にもなる仕事だ」ということがわかるような仕事につく、という設定にするんです。

そして、魂仲間の一人が「商いという仕事の素晴らしさ、仕事に貴賤《きせん》はないということを学ぼうとしないあなたに、お尻《しり》ぺんぺんする、嫌みな上司を私が務めます」と名乗りをあげてくれて、主要なキャスト（登場人物）も設定します。

そうやって設定した「来世の計画」のことを〝運命〟と言います。

「来世の計画」ができたら、自分の守護霊さま、神さまに見せて、「次は、こんな人生を設定しました。それでも、私は楽しく生きて人に親切にしてきます」と言うんです。

ただ、守護霊さま、神さまが見て「この設定で、楽しく生きて人に親切にするのは、厳しすぎる」と判断したら再設定、もう少しハードルをさげるんです。

そういうふうにしてつくった「来世の計画」を魂は自分自身にインプット（スマートフォンにアプリをダウンロードするイメージかな）。

そうして、自分が決めた親の元に生まれてきます。

生まれたと同時に「計画」のことは意識から消えてしまいますが、魂の奥の奥のほうにはインプットしたデータ（ダウンロードしたアプリ）はちゃんと生きていて、ひそかに当人の思考や行動をコントロールしています。

だから、たとえば、当人は学校の先生になりたくて一生懸命、勉強するのだけれど、なぜか学校の先生にはなれなくて、販売の仕事につくんです。そして、当人としては一生懸命がんばっているんだけど、なかなか売り上げがあがらない。上司から嫌みを言われるんです。

「なんで、私ばっかり⁉」と思っているうちは、状況は変わりません。なぜなら、自分の学びのために、それが起きている、ということを忘れ、人のせいにしたり、環境のせいにしたり、「ついてない」と思っているからです。

けれど、いつか必ず、人は悟《さと》ります。**ずっと苦しんでいると、しみじみ「もう、こりごりだ」と観念して何かを変えようと動き出します。**

そうして、「商いというのは、人の役に立ってナンボのものだ」とか、「もっと人に喜ばれることをしよう」とか、**段々だんだん、自分の考え方が変わってくる**

と、現実も変わってくるんです。

「あぁ、自分はこのことを学ぶために、生まれてきたんだな」

ということがわかってきて、その学びを来世につなげていくんです。

以上が、「生き通し」の流れ、人生と〝運命〟の仕組みです。

なかには、人は〝運命〟にふりまわされて生きるものだと、思っている人もいるでしょう。また、カノジョがいないのはそういう運命なんだ、お金に困るのはそういう運命なんだ、だから耐えるしかない、という考えの人もいるでしょう。

そういう考え方を私は否定しません。ただ、運命は変えられるんです。

しかも、楽しく笑いながら変えられるんです。

〝運命〟を変えるのに努力と忍耐がいるって、やりたくないことをしているからなんです。

私は学校の勉強が苦手でした。本を読むこともしてこなかったんです。一人さんに会うたびに「あのおもしろい本、恵美子は、読んだかい？」「読んだかい？」ってずっと言われていました。

あとになって、一人さんから聞いたのですが、一人さんは来世まで言い続ける覚悟で言い続けたのだそうです。ところが、何年かたったら、私は本を読むのが楽しくなってきて、今、こうして本を書いています。

そうです、私の〝運命〟は変わったんです。

〝運命〟を変えるには「努力と忍耐がいる」と言われます。そう思っている人にとって、それは紛《まぎ》れもない事実です。けれど、それがすべてですか、というと、意外とそうではないのです。

私の場合、〝運命〟が変わるのに努力と忍耐は必要ありませんでした。

それは、一人さんが「本読み大会」というゲームを考えてくれたからです。

仕事もそう、みんなでゲームを楽しむ感覚でやってきました。そうやって楽しく仕事をして、稼いだお金で自分の好きなことをする。

楽しいことを積み重ねているうちに、気がついたら〝運命〟が変わっていました。私は自分の手で無理やり〝運命〟を変えようとしたのではないのです。

私がやり続けてきたことは「自分で自分の機嫌をとる」こと。自分がやりたいこと、好きなことを一つひとつ積み重ねてきて、「楽しい」「楽しい」「楽しい」で過ごしてきました。

そうやって明るく楽しく過ごしていると、私の〝いのち〟が輝きだして周りの人たちを照らす、地球も明るくなるよ、と一人さんに教わったからです。

「運命を変えるには世の中のお役に立たなくてはいけない、そのためには『努力と忍耐がいる』というのは、本当なんだよね。

ただ、『努力と忍耐』は苦しくないんだよ。というのは、たとえば、ボウリングが三度の飯《めし》より大好きだという人が、朝から晩までボウリングをしていても、

別に、苦ではないでしょ？　裏を返して言えば、苦しくなっちゃうのは、自分がやりたくないことをガマンしてやっているんだよね。

ほとんどの人は自己犠牲《ぎせい》で運命を変えようとするんだよ。『自分のやりたいこと、好きなことをしちゃいけない』と思っているんだよね。

ところが、一人さん流のやり方は、楽しいことの積み重ねなんだよ。

オレがついていたのは、『誰かの光になるようなことをすれば、その誰かは楽しく生きて〝運命〟が変わる』ということを知っていたことだと思う。

〝白い光のたま〟が教えてくれたんだよ。人は天の神さまの光から生まれてきたから、光を求めているんだ、って」（by一人さん）

じゃあ、一人さんが私たちにどんな光を出してくれたのかというと、「立派に生きようとしなくても、もう十分立派だよ。それより、一つ、楽しみを増やすんだよ」ということです。

道徳的に「これはいけない」「こうしなきゃいけない」、そんなことは、ほとんどの人は子どもの頃から知っているんです。知っているけれど、そういう生き方が万人《ばんにん》に合っているわけではありません。だから、一人さんはこう言うのです。

「一見、うまくいっていない人でも、誰だって〝楽しく歩ける幸せの道〟があるんだよ。それを見つけだす途中でやめちゃうのはなぜですか？
それはね、『この道しかない』と思っているからなんだよ。だから言うの。
『こっち側に抜け道があるから、崖っぷちをのぼっていくことはないよ。こっちの安全な道のほうがいいよ。花が咲いてて、景色もきれいだよ』って」

そうやって、一人さんは、みんなが「楽しく歩ける自分の道」を見つけだせるよう、足元を照らす。それが、一人さんの光なのです。

「引き寄せ」とは、自分が願ったことを引き寄せる、というよりも、願ったら受け皿を出して、受け取ることだと思うのです。

読者のみなさんは「引き寄せ」って、ごぞんじでしょうか。多くの人が思っている「引き寄せ」というのは、自分が願ったことを引き寄せる、ということではないかと思うのですね。

ただ、わたし柴村恵美子が〝今〟を引き寄せたのは、ある意味、受け入れではないかな、と思うのです。

どういうことかというと、「自分で自分の機嫌をとる」ことをしながら、「こうしたいな」と思ったら、その自分の気持ちに素直に行動するんです。

素直に行動して、すんなり、思ったことが叶《かな》うこともありますが、うんともすんとも言わないときもあります。

うんともすんとも言わなくても、私は「自分に必要なことは起きるように、神さまがやってくれている」と信じています。

ですから、そう簡単に〝受け皿〟を引っ込めたりしません。何もはじまっていないうちから「無理だ」とは思わないのです。

「自分で自分の機嫌をとる」ことをしながら〝受け皿〟を出し続けます。

それをしていると、**〝思ってもいないこと〟が起きてくることがある**のです。

その〝思ってもいないこと〟というのは、あるときは、うっかり、自分にダメ出しをしそうになるようなことであったり、またあるときは、自分が出した〝受け皿〟を引っ込めたくなるようなことだったりします。

それでも、私は〝受け皿〟を引っ込めない。それが、自分にとって本当にあきらめられない夢ならば。そして、私は自分に言い聞かせます。気後《きおく》れすることなく、〝気〟を前に出して、一歩、前に出るんだ、って。

一歩、前に出るために、自分自身に「そのままで大丈夫、大丈夫」とか言いながら自分の心に灯《ひ》をともし、そして、遠くを見るのです。

そうすると、遠くを見るとね、自分が忘れそうになっていた大切なこと、いろんなことが見えてくるんです。


たとえば、**「私に起きる困った問題は、私の魂が成長するために自分が用意してきたものなんだ」**ということであるとか。

「神さまや自分の守護霊さまは、私に超えられない課題は持たせなかった」ということであるとか。

あるいは**「神さまに見捨てられそうな気がしているときは、実は自分が勝手に自分自身を見捨てているとき。神さまは絶対に見捨てていない」**ということ。

それから、私にとっていちばん大切なこと、**「人は幸せになるために生まれた」**ということを思い出します。

そうするとね、どんなときも、くじけそうなときも、私は「今の自分よりもっと幸せになるんだ」って、顔が上に向くんです。そして、自分自身にこんな問いを投げかけます。

自分の魂が成長するために、この問題が起きているとしたら、今、自分にできることって何だろう？

「自分が変えられるのは自分だけ」というルールのなかで、それでも明るく楽しい自分でいるために、今できることはなんだろう？

この問いを自分自身に投げておくと、ある日「ぽん！」と、ひらめきがきます。そうすると、それを行動に移してみるんです。

それによって出てくる結果は様々なんですが、でも、たいていは「やってみてよかった」「いろんなことがわかった」という結果が出てきます。その学びを次に生かすんです。それを積み重ねるうちに私は〝今〟を引き寄せました。

今お話ししたことが、演出も誇張も一切ナシの、私の〝引き寄せ〟なんです。

〝我〟はなくそうとしてなくても いいのです。 なぜなら〝我〟には限界があるからです。

今、私は、いわゆる「Z世代」、つまり二〇代の若者たちといっしょにYouTube「柴村恵美子FUWAFUWAチャンネル」を配信しています。

彼らと話していて「伝えたいな」と思ったことがあるんです。

それは〝我〟というものについてです。


みなさんのなかにも〝我〟はいけないものだと考えている人がいるのではないでしょうか。実は、私も昔はそう思っていました。だから一生懸命〝我〟を消そう、消そうって、がんばったこともあったんです。

その結果わかったことは、〝我〟というものと闘ってはいけない、ということでした。**〝我〟を敵だと思い、やっつけようとすると、自分が苦しむのです。**

それは、なぜだと思いますか？　一人さんに聞いたら、こう言われました。


「神さまがつけてくれた個性を、みんなは〝我〟と呼んで、さもいけないもののように扱うけど、一人さん的には、それは神さまがくれた個性なの、自分なんだよ。自分をやっつけようとするから、苦しくなるんだよ。

自分をいじめないで、もっと自分を大切にしたほうがいいよ。そうすれば、自分も幸せだし、自分が幸せだと周りも安心するんだ」


そして、もう一つ、一人さんから言われたことがあるんです。

立派になろうとするな、って言われました。

「どういうことですかというと、立派なことを言っちゃいけない、ということだよ。恵美子の場合だと『私は有名になりたくない』とか言っちゃいけないの。なぜかというと、それは本心ではないから。

今世、恵美子の魂が持ってきているのは『有名になりたい』なんだ。それは神さまから見たら恥ずかしいことでも何でもないの。

それを恥ずかしく思うのは、世間の常識を基準にするからなんだよ。

世間の常識で言うと『有名になりたい』というのは〝我〟なんだよな。

ところが、神さまが考えていることはすごいんだ、視野が全然違うんだよ。

有名になりたい、その思いを叶える過程で〝我〟は消えていく、っていうんだよ。なぜかというと、自分のためだけを思って『有名になろう』とすると、貯金が減っていったり、人が離れたり、困ったことが起きてくるから。

そういう〝しかけ〟を、神さまが『生き通し』のなかに仕込んでいるの。

だから〝我〟でやることにはいつか必ず限界がくるの。そのときに人は『愛』の出し方を覚え、魂が成長するの。だから、そのままで大丈夫だ。恵美子は恵美

子らしく、一人さんは一人さんらしく、お互いが自分らしく生きること、それが「使命」なの」（by 一人さん）

そう言われたのに、うっかり立派なことを言ってしまうんです、私。

たとえば、「努力が足りない、もっと努力しなきゃ」って自分自身に言ってしまったりするんです。しかも、そういうときほど、なぜかうまくいかない。

もう笑っちゃうほど、うまくいかない。私はくたびれてベッドに倒れ込んでしまうんですが、このとき、私は「あっ‼」って思い出すんです。

そう言えば、昔、読んだ本のなかに、リーダーが努力、努力と言いすぎると、ついてこれなくなる人間が出てくる――と書いてあったな、とかって。

そして、私は「愛」を覚える。自分が自分についていけなくなるほど、努力、努力って言い過ぎるのは、もう、よそう。人に対してもそうだ、って。

私は「斎藤一人さんの一番弟子」と言われるのですが、もしかしたら、弟子のなかで、そういう経験がいちばん多いから、「一番弟子」なのかもしれません。

でもね、**そういう体験を交《まじ》えながら「失敗は失敗ではなく、学びなんだ」ということを伝えると、みなさん、「自分も自分らしく生きよう」って、顔がイキイキ輝いてくるんです。**それを見ていると、私、すごく幸せな気持ちになるんです。

来世のために、今やるべきことがあるんです。それは、〝今ここ〟で幸せになることです。

何か問題が起きたときは「あきらめなさい」ということが言われます。

「あきらめなさい」というのは、自分が「こうなってほしい」「こうしてほしい」と願っていることが、「どうにもできないことなのかどうか、明らかに眺《なが》めなさい」ということです。すでに実践している方も多いと思います。

私も昔、一人さんからそのことを教わって実践しているのですが、世の中をぐるーっと見ていると、明らかに眺めたのに幸せが薄そうな人がいるんです。

どうしてなのかな？　と思って、じーっと見ていると、明らかに眺めて悲観しているんです。だから、幸せが薄くなっちゃうのだと思うのですね。

お節介《せっかい》を焼いちゃいけないことは、重々承知しているんですが、ごめんなさい。あえて、焼かせていただきます。


自分が幸せになっていないのは「おかしい」と思ったほうがいいんです。


なぜなら、人はみんな幸せになるために生まれてきたからです。

「あきらめたあとに〝やる〟こと」がある、ということがインプットされていないのではないかと思います。だから、幸せが薄くなってしまうのです。

「あきらめたあとに〝やる〟こと」とは何ですかというと、「それでも楽しく生きること」です。そう、自分の使命を果たすことなんです。

〝幸せ〟って決して難しいことではありません。

自分の使命を果たせばいいのです。

みなさんのなかに、「自分には使命がありません」と言う人がいるとしたら、法に触れないことだったら何でもかまいません。〝今、簡単にできること〟を、まずやってみてください。

たとえば、本当はおしゃれをしたいんだけど、「おしゃれをするお金がない」という人は、周りにお金を使わないでおしゃれを楽しんでいる人がいるかどうか、よーく見てみてください。

「この人、いつも華《はな》やかな恰好《かっこう》をしているな」と思っていたんだけど、高そうに見えて実はそんなに高くない洋服を探して着ているかもしれない。

おしゃれだけど値段は高くない洋服を売っているお店で買ったり、ユーズドのもの（古着やリサイクル品）でも素敵なものがあります。そういうものを利用して、今できる範囲内でおしゃれを楽しんでみてください。


やってみないと、何が楽しいのか一生わからないのです。

だから、まず〝今、簡単にできること〟からやってみる。

やってみて、もし、それが自分に向いていないことがわかれば、それをやめて、別の〝できること〟をやればいいのです。

そうやって、**今自分がのぼれる階段をあがっていくと、段々だんだん、豊かになってきます。**

不思議なんですが、豊かになってくるのです。

本当は、人は誰でも「見えない世界の他力」と一つになれるんです。

人間の〝偉大なる力〟に関係する話の一つに、富士山の話があるんです。

もちろん、一人さんから教わった話です。

この、富士山の話を、本章の最後に、みなさんにシェアしたいと思います。


江戸時代、江戸を中心に〝富士塚《ふじづか》〟というものがいくつもつくられました。

〝富士塚〟というのは、富士山の形をマネてつくった塚で、人々はそこへお参りをしにいっていたそうです。


それから、富士山のふもと、そして、てっぺんには神社があります。

富士山は以前、活発に噴火《ふんか》を繰り返していた、と学校でならった記憶があるので、私は富士山のふもとや山頂にある神社や各地の富士塚は、火山活動を鎮《しず》めるためにつくられたものなのかなと思っていたのですが、そうではありませんでした。

一人さんから聞いた話によれば、真逆《まぎゃく》なんです。


富士山は、一〇万年ほど前に最初の噴火があって、そのあと何度も何度も噴火を繰り返して今の形になったのですが、その原型は最初の噴火、たった一回の噴火でできたと言われているんだそうです。すごいでしょ!!

それぐらい、すごいパワーを、自分たちもいただきたい、ということで、神社を建てたり、富士塚をつくったのだそうです。

日本の先祖って、すごくカッコよくないですか?

「富士山を眠らせてください」ではなく、「一日で富士山になった、このパワーをいただいて、人生を切り拓《ひら》く」ことを祈って建てたんです。

全然、負けていないんですよ。めちゃくちゃカッコいいでしょう。

何を言いたいのかというと、この**「人生を切り拓いていくんだ!」という〝気持ち〟が周りの人たちを巻き込み、思い描いた未来を引き寄せるのです。**

ここに、さらにプラスアルファで、

「人の幸せに貢献したい」

「与えられた能力・才能を使って、みんなの役に立ちたい」

という思いが加わると、引き寄せが加速します。

なぜなら、見えない世界の他力《たりき》——過去に同じ思いで仕事をしていた人の霊(指導霊)、守護霊、観音《かんのん》さま、精霊《せいれい》たち、神さま、仏さま——と〝一つ〟になるからです。

見えない世界の他力が願っていることは「ともに豊かになること」だと、一人さんから教わりました。だから、**「ともに豊かになる」ことをやっていると、パワーが何倍、何十倍にもなって、引き寄せが加速してくるのです。**

事実、私はそうやって人間の〝偉大なる力〟を使い、この「いのち」を燃やしてここまで歩いてきました。
これからも、来世も再来世も永遠にこの旅は続きます。

第5章

「生き通し」のなかで学んだ大切なもの

〜一人さんの場合

斎藤一人

新しいものは、古くて〝いいもの〟からできてくる。

ラジコンのヘリコプターのようなものにカメラがくっついている、「ドローン」というのがあるでしょ？　あれは空撮《くうさつ》以外に、農業や建設、いろんな分野で使われていて「空の産業革命をもたらした」と言われているそうなんだけどね。

ドローンは最初、航空機のマネをしてつくって、さらに、ヘリコプターのようにプロペラをつけたり改良が加えられて、今の形になったんですよ。

そう、ドローンという最先端の機械は昔からある〝いいもの〟を積み重ねてできたものなんです。

自動車もそうなんですよ。自動車が出てくる前は、馬車があったでしょ？　馬車の場合は、馬が車をひっぱって走っていたんだけど、馬の代わりにエンジンをつけてできたのが自動車なんですよ。

だから人間ってね、新しいことを考えているようで、実は、そうじゃない。アインシュタインだって、昔からある物理学の知恵を集めてあたためていたんです。そして、ある日、相対性理論が出てきたんです。

一人さんも、昔からある〝いいもの〟を集めてあたためているから、ぽつん、ぽつんと本に書くことを思いつくんです。

私は、こういうことも〝いのち〟（魂《たましい》）の循環《じゅんかん》なんじゃないかなと思っているのです。

私に言わせると、**すでにあるものや考え方、技術も〝いのち〟なんです。**

だって、それを創った人は、そこに自分の〝いのち〟を注《そそ》いでいるんだよね。

そして、**その〝いのち〟に後世の人間が〝いのち〟を注いで改良し、それにまた別の〝いのち〟が注がれていく――というふうに循環している**んですよね。

人類はそうやって〝いのち〟のバトンリレーをしてきたんです。
これからも、それは続いていくんです。

仕事は「楽しく」「楽しく」「楽しく」とらえてやると、過去に楽しく成功した人たちの知恵が入ってくるんです。

私は、「仕事の成功」には、一つのパターンがあると考えています。
それは、思ったことをやってみると、最初はなかなかうまくいかないのです。
だから今度はうまくいかせようと知恵を出します。実はこれが楽しいんです。
そして、その知恵を行動に移すこともまた楽しい。
やった結果、うまくいかない場合は、また知恵を出します。それが楽しい。
うまくいけば人から喜ばれるから楽しいし、喜ばれるとお金が入ってきます。
商人の場合は利益が出るし、お勤めの人ならお給料が出ます。楽しいでしょ。

利益が出たら税金を納めるのですが、それで道路ができたり、福祉が充実したり、人の役に立つとまた楽しいのです。

この「楽しい」「楽しい」を続けていると、勝手に成功しちゃいます。だから楽しくて笑いが止まりません、さらに仕事はうまくいっちゃうんですよ。

このように仕事を笑いながら成功した人間は、何も私ひとりではありません。発明王のエジソンであるとか、渋沢栄一《しぶさわえいいち》（日本の近代経済社会の基礎を築いた実業家）であるとか、過去にもたくさんいます。

その人たちの肉体は今はありません。ただ、楽しく笑いながら成功した、その知恵が保管されている場所が、どこかにあるんです。**目で見ることも、手で触れることもできないけれど、成功の知恵がたまっている場所があります。**

その場所を「叡智《えいち》」と呼ぶのだそうですが、それが何という名前で、どこにあるのかは、私にとってはさほど重要ではありません。それよりも、仕事を「楽しい」「楽しい」「楽しい」でやることのほうが大切だと思っています。

そのように仕事をしていると、**過去に楽しく笑いながら成功した人たちと波動が一致し、その人たちの智恵が入ってきます。**信じられないような話に聞こえるかもしれませんが、私はそうに違いないと思っています。もし、そうじゃないとしたら、自分の実力だけで累積納税額で日本一になれたはずがないのです。

私は「叡智」について研究しようという気になりません。それよりも、「叡智」をちゃんと使えているかどうか、なんです。

心楽しく、わくわくしていると、叡智に保管されている、楽しく笑いながら成功する知恵が〝ひらめき〟という形で自分のところにやってくるよ。

と、私がなんとなく、つぶやいたとき、ある人にこんな質問をされました。

「叡智って、私たちの心のなかにあるんですかね？」

私は、**人間の心と叡智は本来つながっていると思っています。**ただ、そのことについて研究したことも、研究したいと思ったこともないのです。だから、「心と叡智はつながっている、とは思うけど、詳《くわ》しいことはわからない」と答えました。

もし、みなさんのなかに、叡智と心の関係に興味があり、研究したいと思っている人がいるとしたら、ぜひ研究してみてください。

自分の好きなことを研究すること自体が楽しいし、それを聞いた人が「楽しいな」って思うような伝え方が、もし、できたとしたら、人に喜ばれて、あなたはさらに楽しくなるに違いありません。

ただ、私の道は、その道ではないのです。私の場合は、叡智というものを使えれば、それでもう十分なんです。

みなさんだって、電気を使うのに、電気がどうやって自分の家までくるのか、とか、そもそも電気とは、どういうものなのか、ということを考える、なんてことはないでしょう。ほとんどの人は、「使えればいいや」と思っているんじゃない？

私が叡智を研究する気がないのは、それとまったく同じなのです。


人から何か質問されたときに全部に答えようとするのは、素晴らしいことだと思うけど、私はそれよりも大切なことがあると思っているんです。

そしてそれは、何でも知っていることの一〇〇〇倍も役に立つことなんです。

何でも知っていることより、一〇〇〇倍、役に立つこととは——。

「一人さんは何でも知っている」

私のお弟子さんたちはよくそう言います。

でも、うちの人たちは、私が知っていることを聞いてくるのです。だから、「何でも知っている」ということになるわけですが、実際は、一人さんにだって知らないことがあるのです。

自分の知らないことでも、私が興味を持てば、私はすぐに調べるんです。

ところが、興味がないものだってある。そういうとき、私はスルーします。興味のないものを調べたって別に、楽しくはないわけだからね。

また、興味のないこと（知らないこと）を質問されたときは、

「ごめん、オレ、そのことは、知らないんだよ」

素直にそう言って、そして、

「私は興味がないんだよ。だから、興味を持ったあなたが研究したほうがいいと思うよ。それで何かおもしろいことがわかったら、私に教えてね」と。

何でもよく知っていて、聞けはすぐに答えられることは、確かにすごいことです。でもね、**知らないことは恥《はじ》ではないですよ。**

人に聞くこと、教わることも大切なんです。

それのほうが、何でも知っていることの一〇〇〇倍も、役に立つのです。

「私はそのことに興味がないから知らないの」

そう言えば、立派なフリをしなくて済みます。

「それを研究するのは、そのことに興味を持っているあなたが適任者だと思うよ。だから、研究してごらん。そして、一人さんに教えてね」

と言えば、私は「謙虚《けんきょ》な人だ」とほめられたうえに、相手も気分よく研究し、そして気分よく教えてくれる。そうやって、人は育っていくんです。

前世の自分を想像することは楽しいことだけど、今、どういう生き方をしているかのほうがもっと大切ですよ。

「一人さんは過去世で武将だった」とか「神主《かんぬし》さんだった」とか、いろんな楽しい話が世間に出ているそうです。それは私にとってありがたいことだし、また前世のことを想像するのはレジャーだから、楽しむ分には全然オッケーなんです。

ただ、昔は、今と違って、そんなに職業がないでしょう。漁師か農家か、商人か、職人か、侍《さむらい》か。それぐらいじゃない？　しかも、人は何回も何回も生まれてくるでしょ。だから、みんな、たいがいのことは経験しているんじゃないかな。

何より、私たちが生きているのは今なんです。

過去にどんな仕事をして、肩書はどうだったのかよりも、今をどう生きているか、はたらいているのか、こっちのほうが、私は大切だと思っているんです。

そして、仕事に関していうと、私は若いお弟子さんたちに、

「カゴに乗る人、かつぐ人、そのまたワラジをつくる人」

という話をすることが、たまにあります。

カゴをかつぐ人は、安全で確実にお客さんを目的地に運ぶことによってお金を稼いでいます。ワラジをつくる人は、カゴをかつぐ人が喜ぶようなワラジをつくることで稼ぎます。カゴに乗る人、たとえば社長さんだったら、「感じのいいお客さんだな」と思われるようにふるまうことも仕事の一つなんです。

仕事の内容は違っても、「人さまのお役に立つぞ」という〝奉仕《ほうし》の気持ち〟がなきゃいけない。もしそれがなかったら、仕事として成り立たないのです。

私からこの話を聞いた若い人たちは、**それぞれの職場で〝奉仕の気持ち〟を持ってはたらきだす。どんどん仕事がおもしろくなってきて、やがては天職と呼べる仕事と巡《めぐ》り合うことができる、**と、こういうパターンが多いですね。

夢が叶わないのは、「大切にするもの」が間違っているんです。

以前、私の知り合いのお金持ちのところへ、若者が勉強をしにきていたことがありました。知り合いは最初、若者に「お金持ちになれるよ」「なれるよ」って励《はげ》ましていたらしいのですが、あるとき、ふと思ったことがあって、「お金持ちになる前に、カノジョ、つくればいいじゃん」と言ったそうです。

そしたら、その若者がすごく喜んだ。

なぜ喜んだのかというと、お金持ちになりたい理由が「カノジョがほしいから」なんですよ。

「カノジョつくればいいよ」と言われて喜んだということは、当人にとってそれが「できそうなこと」だったんでしょうね。

何を言いたいのかというと、**夢を思い描くのはいいことなんですよ。ただ、何をするのでも、「今、自分ができること」からスタートするしかない。「今、自分が大切にできるもの」を大切にするしかないのです。**

たとえば、いくらベンツに乗りたくても、予算が足りなければ国産車にするとか、自分の手が届く範囲というのがあるでしょ？　国産車だって努力がいるんだよ。買うのにも、それを維持するのにもお金がいるんだから。でしょ？

それを、「あの人がベンツに乗っていたから」とか、「国産車なんかじゃ嫌だ」と言ってるだけでは何もはじまらないの。それより、国産車を買える人間になることです。今できる努力をするんです。

カノジョがほしいのならば、「顔はこうで、外見がこうで」とか注文をつける前に、まず自分が魅力的な人間になることです。そして、カノジョができたら、その人を大事にするんです。

すべてのものは〝今ここ〟からはじまる、と言いたいのです。一階を建てていないのに、いきなり二階を建てるなんて、荒唐無稽《こうとうむけい》なことは無理なんです。

今、この目が見ている世界は、〝見えない世界〟と連動しているんです。

何か問題が起きて困ったときは、「遠くを見るといいですよ」ということを言うんです。

それは、「あの人がこうしてくれない」とか、「あの人はいつも、どうでこうで」とか、自分が困っていることにとらわれていると、視野が狭くなって、解決できる問題も解決できなくなっちゃう。だから、「遠くを見る」のです。

とらわれた心をふわぁっと開いて視野を広げるために。

私も、困っている人に「遠くを見るといいですよ」と言うことがあるんです。

ただし、一人さんの「遠くを見る」は、心の世界のいちばん遠くなんです。つまり、自分が亡くなり、光の国で生まれて、神さまに会うときをイメージするのです。

人は生まれてくる前に、神さまと二つの約束をしてきます。

一つは、この人生を楽しんできます。もう一つは、人に親切にしてきます。

そして、死んで、再び光の国に戻ってきたときに、神さまに聞かれるんです。

「楽しんできましたか？　人に親切にしてきましたか？」

そのとき、自分はどういう人生を神さまに報告したいのか。神さまに「成長して帰ってきたね」とほめてもらいたいのか、どうか。

そういうことを考えるのです。現実の世界で自分が今、直面している問題は一旦、横に置いて、光の国で神さまと再会したときのことを考えるのです。

すると、それまで見えていなかった問題の本質が見え、問題解決に向けて自分がやるべきことが見えてきます。

たとえ、それらが見えてこなくても、大丈夫。なぜなら、**神さまとの約束を思い出せば、展開が変わり、現実が変わっていく**からです。

これを「見えている世界は、見えていない世界と連動する」と言います。

たとえば、体の具合が悪くなり、ただ苦しんでいるだけだとする。神さまは「成長して帰ってきたね」と言ってくれるかな?

前項の「見えている世界は、見えていない世界と連動する」について、一つ例題を出して補足しましょう。

たとえば、自分が体調を崩し、困っているとします。そのとき、つらいのをじっとガマンしているだけでは、「成長して帰ってきたね」と神さまは言わないのです。

なぜなら、世の中にはサプリメントや漢方薬もある、指圧《しあつ》やマッサージ、鍼《しん》灸《きゅう》を受けに行くこともできるし、病院に行けば薬ももらえるのです。

そういう〝いいもの〟がありながら、それを使わないで、ただ苦しんでいるのは、自分をいじめているのと同じです。

神さまは、「自分をいじめること」は、「人に不親切だ」とみなします。「人」のなかには、周りの人たちだけでなく、自分も入っているからです。

じゃあ、どうしたら神さまは「成長して帰ってきたな」と言ってくれるのか。

とりあえず、**「体調管理にいい」と言われているものを試してみるのです。そ**

して、やってみて〝いい結果〟が出たものを続けます。

それで終わってしまったら、「人に親切」ではありません。繰り返しになりますが、自分と周りの人に親切にするのが「人に親切」なんです。

そこで「さて、どうしようか」と考える。そして、たとえば「自分がそうだったように、体調を崩して困っているのにガマンしている人もいるだろう」と思ったら、**同年代で最近元気がない人に「あなた、体、大丈夫？」と声をかけたり、自分がやって〝よかったこと〟を伝えてみるのです。**

この、やさしい気持ちを、天の神さまは「成長したね」と言ってくれるんです。そして、生きているうちに、神さまから〝ごほうび〟をもらえるのです。

一人さんの「困ったときは遠くを見る」の話を聞いて自分が助かると、ご先祖さまも救われるんです。

前項、前々項と「見えている世界は、見えない世界と連動する」という話をしたのですが、実はこの話はまだ終わっていません。

ここから先が、この話のキモの部分なんです。

たとえば、「困ったときは遠くを見る」という話、そして「見えている世界は、見えない世界と連動する」という話を聞いて、自分が魂的に成長したとします。

自分が魂的に成長すると、自分と周りいる人も幸せになるんですが、それプラス、見えない世界にいる、ご先祖さまを救うことにもなります。

人間は、たった一人で存在しているわけではありません。いろんな人といろんな縁《えん》でつながり、自分が存在しています。

そのなかでも、とくに深い結びつきを持つのが「親」。私たちは、この「親」を介《かい》して、見えない世界にいるご先祖さまとつながっているのです。

そして、ご先祖さまは、あなたを通じて、魂的な勉強をしています。あなたが魂的な成長をすれば、ご先祖さまも成長して救われます。ここが、「見えている世界は、見えない世界と連動する」のキモの部分なんです。

大切なことなので、もう一度、言いますよ。

自分が魂的な成長をすると、現実の世界で生きている自分は幸せになり、自分とかかわる人たちも幸せになります。

さらに、自分の魂的な成長は、ご先祖さまの魂的な成長につながります。

そうです、見えない世界にいる人を救った、ということになるのです。

見えない世界は、神さまの領域ですから、そこにいる人を救うと、神さまは

「わが子を助けてくれてありがとう」と喜んで、いろんなごほうびをくれる。

私は昔からそれを信じてやってきました。そして、累積納税額で日本一になったのです。

人間はね、迷わずやることなんて、めったにないですよ。「勇気」とは、恐るおそるやることなんです。

この国で、「魂は死なない」とか「人は生き通しだ」とか、不思議な話を公《おおやけ》の場で発表する事業家は、めったにいません。

一般の人からしたら「なんで?」って、なるのが当然だと私は思っています。

私だって本当は、公の場で不思議な話はしたくないのです。

でも、「しなさい、しなさい」と神さまは言う、だから私は迷うんです。

迷いながら、私は視野を広げるんです。

「視野を広げる」というのは、今世だけを見ていたのでは視野が狭いのです。**視野が広い人というのは、今世だけでなく、過去も、来世も見るんですよ。**

だから私も、事業家が神さまごとの話をするのは、よほどのことが過去であったんだろうなと考えたり、光の国に戻ったときに神さまに何て言おうかな、とか、頭のなかでいろいろ考え、最終的に「やる」と決めるんです。

そして、恐るおそる扉《とびら》を開き、そっと静かに足を出して、一歩、また一歩、なかに入ってみると、

「なぁ〜んだ」

心配していたことなどなく、むしろ、みんなに喜ばれるんですよね。

何を言いたいのかというと、人間ってね、**迷わず何かをやる、ということはないんですよ。迷いながらでもやるの。**

そして、「勇気がある人」というのは、恐るおそるでも、やる人のことを言うのです。

一人さんが迷いながらも「それでもやる」と決断するときは、「地獄に行きたくない」と思うからなんです。

そんなもんなんだよ、人間って。

「悟り」とは、山登りといっしょで、少しずつ足を出していけばいい。いっぺんにあがろうとか、しなくていいんです。

よく「人生は修行だ」って言います。修行とは、自分を磨《みが》くんです。

私たちは、様々な経験を通して、自分を磨いていきます。

魂が小学生ぐらいだと、目の粗《あら》いサンドペーパー（紙やすり）でガリガリバリバリやりながら磨かれていきます。

それで成長すると、ちょっと目の細かいサンドペーパーになってザーッ、ザーッと磨かれて、それよりもっと成長すると、さらに目の細かいものでサーッ、サーッと磨かれていきます。

そう、魂が成長すればするほど、楽になっていくんです。

ただし、「魂の成長」に完成はありません。一人さんも長いこと生きてきて、かなり磨かれてきたけれど、まだまだ未熟なんです。だから一生懸命、学んで、自分を磨いていかなくちゃならない。

それは、一人さんだけが特別にそうなのではありません。みんな、そうなのです。生きているうちは、ずっと学び、自分を磨いていくんです。

そして、また生まれたら学び、自分を磨いていく。そうです、たった一回の人生で、「魂の成長」は完成するものではないのです。

ちなみに、仏教の世界では、魂の最高地点「悟《さと》り」に到達した人は、お釈迦《しゃか》さまだひとり、と言われています。

カン違いしないでね、あきらめたほうがいいと言っているのではありませんよ。

一気に山のてっぺんに到達しようとする必要がない、と言っているのです。

頂上に向かって一歩ずつ足を出しながら、道すがら出会った人たちと「こんにちは」「どちらからですか?」なんて会話をしたり、美しい景色を見て感動したり、おいしいものを食べたり、道中を楽しめばいいのです。

早く成長しようとする必要はありません。「いのち」には、無限の時間があるのだから。

たとえがおかしいかもしれませんが、心の修行というのはね、素敵な女性が二階の窓から手を振っているようなものなんですよ。

「あぁ、素敵だな」と思って、今すぐあの女性のところへ行こうと跳《と》びあがったって二階には届かないの。それよりも裏に回れば階段があるんだよ。しかも階段の一段の高さは、自分の足があがるくらいの高さしかないんですよ。だから、一歩ずつ足を出していけば、あがっていけるんです。

簡単に言うと、東京から大阪まで駆《か》け足で行ける人って、まずいないじゃない？　でも、歩きだと、時間はかかるけど、到達できるんですよ。わかりますか？　そうです、早く到達する必要はないんだって、言いたいのです。

なぜなら、神さまって、すごく気が長い人なんです。三〇〇年だろうが、平気で待っててくれちゃうの。

なぜなら、神さまには時間という概念がないから。

そして、「いのち」には無限の時間があるんです。

それでも、早く魂の最高地点にたどりつきたいのなら、生まれてくるときに、神さまと約束したこと――この人生を楽しく生きて、人に親切にすること――を忘れないことです。

周りの人には親切にするけど、自分は楽しくない、というのはダメなんだよ。逆に、自分が楽しむために誰かに犠牲《ぎせい》を強《し》いるのもダメ。人は誰かの犠牲になるものではないからね。

では、どうしたらいいのかと言うと、**いちばんいいのは、「ともに」です。ともに楽しく生きて、互いに親切のしあいっこをするの。それを、できれば笑顔でできると、なおいいよね。**

ただし、急に笑顔にはなれないから、笑顔になろうと努力すること。そして、その努力をはじめた自分をほめること。その努力をしている仲間をほめること。

一歩でも歩き出そうとしたことを「すごい」と思わずに、

「もっとここまで行けるでしょ、あなたは」

なんてことを言うのは鬼《おに》です。

ひきつるような笑顔でも、やってることがすごいんです。

そこを、まずほめること。


一人さんは、このことを一生涯かけて、学び続けるつもりです。

「それが終わったら次は……」なんて考えない。今は、一つのことをやって、やり終えたら、「次のこと」を考えればいいのです。

それが、この「生き通し」を楽しむコツだと私は思っています。

第6章

果てしない旅路を喜びに変える、この〝一歩〟

柴村恵美子

昨日の自分に挑戦しながら走ってきて、あるとき、ふと、〝夢を描いていた頃の自分〟が浮かぶときがあるんです。

世界中で猛威《もうい》をふるった新型コロナが少し落ち着いてきた頃のことです。

私の公式ＹｏｕＴｕｂｅチャンネル「ＦＵＷＡＦＵＷＡチャンネル」の企画で、大阪の自宅マンションでの私の暮らしぶりなどを撮影することになりました。

感染拡大防止のための自粛《じしゅく》生活がはじまってからの三年間は、東京の住まいでリモートワークをしていたので、大阪に行くのは久しぶり。

しかも、コロナ以前は、よく友人や、うちのスタッフたちと、わいわい飲んだり食べたりしていた北新地《きたしんち》の飲食店での撮影も予定されていたので、私としては非常に楽しみにしていたんです。

撮影当日の朝に新幹線に乗り、お昼ごろに大阪の自宅マンションに到着。それから夜までずーっと撮影して、夜は北新地の飲食店での撮影。終わったのは一一時ちょっと前だったでしょうか。

お店を出ると、あちらこちらから明るい笑い声が聞こえてきました。昔の賑《にぎ》わいが戻りつつあることを感じて、私はうれしくなっちゃって。

それと同時に、昔、よくいったお店の人たちのことが気になって、行きつけだったお店をたずねてみたんです。昔と同じ場所でがんばっているのを見たときは、胸に熱いものがこみあげてきそうになりました。

撮影が終わっても数日、大阪に滞在。大阪の事務所で、スタッフたちと対面でミーティングしたりしていたのですが、〝時間と空間〟というのは不思議ですね。

久しぶりに大阪・梅田《うめだ》の町を歩いていたときに、ふと、「夢を持って北海道から大阪に出てきた頃の自分」のイメージが出てきたんです。

三十代前半、師匠の一人さんから「大阪で花を咲かせてこい」と言われ、私はブランド物のスーツでビシっと決め、そして現金数百万円を入れたバッグを持ち、帯広《おびひろ》から飛行機で大阪にやってきました。

伊丹《いたみ》空港を眼下にながめながら、「この大阪から、〝今ここ〟から、一人でも多くの人を幸せにします！」と心に誓って、大阪の地に降り立ったんです。

そして事務所を借りるのに、まずは大阪の一等地、梅田に向かいました。

持ってきた現金は、事務所を借りるための費用でした。私としては大金です。

「これだけあれば、借りられるだろう」と思ったのですが。

「お客さんの予算に合う事務所は、うちでは扱っておりません」

不動産屋さんにそう言われました。ショックでしたが、立ち直りが早い私です。

「探せば、掘り出し物があるかもしれない」

何軒も何軒も不動産屋さんを周りました。どこでも同じことを言われました。

パンプスを履《は》いた脚《あし》はむくんでパンパン、そろそろガマンも限界です。

「このビルのオーナーは、きっと億万長者なんだろうな。

あのビルも、このビルも、みんなそう、オーナーは億万長者」

界隈《かいわい》を歩きながら見上げたビルは、私の目には、どれも輝いて見えました。

「こんなにお金持ちがいる、ということは、私ももっと豊かになれるんだよね。

だけど、今はお金がないから、しかたがない、安いところを借りるしかない」

私は、中心地からはずれたところで事務所を借りることに決めました。

そして、梅田を去るとき、私は心に誓いました。

「いつか、きっと、ここに事務所をかまえてみせる！」と。

一瞬のタイムスリップでしたが、あのときの自分の〝熱さ〟を、何十年ものときを経て、今の私が感じていました。

私は梅田の大通りに面したビルに入り、オフィスのドアを開くとスタッフたちにこう言いました。

「みんな、ご活躍さま、感謝してます」

人は人に感動し、「この人のために」という生き方にあこがれる。だから「義理と人情と浪花節」はこれからも続くのです。

師匠の一人さんとは、ずっといっしょに仕事をしてきました。

私たちが顔を合わせれば、会話のなかに仕事や商売のことが入ってきます。

仕事の教え、経営者の心得も、日常会話のなかで教わってきました。

ただ、私が「本当の商人になったな、自分」と思えるようになったのは、拠点を大阪に移してからのことでした。大阪が、私を商人として育ててくれたんです。

大阪といえば、古くから商人の町として知られた地域。そして、俗に言う「大阪商人気質」というものが今も息づく町です。

私が大阪で実際に出会った「大阪商人」たちはみな、**お客さまに喜ばれ、お役に立つことを自分の生きがいとし、真心をこめながら商《あきな》いを進めていくと同時に、ちゃんと商売として成り立つ**――ということを「商人の道」とする人たち。

私が子どもの頃、テレビドラマで見た「義理と人情と浪花節《なにわぶし》の世界」を体現しているような感じの方たちで、本当に勉強させてもらいました。

今でも忘れられないのは、流通のほうでトラブルが起きて、私が困っていたときに、取引先の方が手を差し伸べ助けてくれたときのことです。

その取引先の方は、うちの荷物を一時的に預《あず》かってくれるなど、すばやい対応で助けてくださいました。そのお礼を言いたくて、会社にうかがったのですが、そのとき、そこの社長にこう言われたんです。

「柴村さんが困っているのに、見て見ぬふりなんて、できるわけがないじゃないですか。私たちのほうこそ、日ごろの御恩返《ごおんがえ》しができて感謝しているんです」

この心意気《こころいき》に私は感動し、「義理と人情と浪花節」を旗印《はたじるし》に商売をしてきました。一人さんもそうなんですよ。時代が変わっても、「義理と人情がいちばんだ」と言います。だから、うちの銀座《ぎんざ》のお店の看板には「GN1（義理と人情がいちばん）」と書いてあるのです。

大切な人が、光の国に逝《い》ってしまったとき……。

私の兄、柴村喜六《きろく》が令和五年の春に光の国へ旅立ちました。

おかげさまで大往生《だいおうじょう》でした。

「人は生き通し」ですし、今世、兄妹という形で出会ったのは「縁《えん》が深い」とい

うことですから、また会えるに決まっている、と私は思っています。

ただ、それはそれ、これはこれ。悲しいものは悲しいのです。

ほとんどの人は、悲しみや怒りなどを〝マイナスの感情〟と言って、あたかも敵のようにやっつけようとしがち、だと思います。

でもね。悲しみや怒りだって、何かの必要があって、神さまがつけてくれたものなんだよ、って、一人さんは言うんです。

話が脱線してしまいますが、欲だって必要があって神さまがつけてくれたものなんですよね。悪いものではないのです。自分にも他の人にも役立つように、欲を使うことはできるんです。お釈迦《しゃか》さまやキリストさんが「人々を苦しみから救いたい」という大欲をいだいて、心の教えを説いたように、自分とみんなのためになることに欲を燃やせばいいのです。

感情もそれと同じです。感情があるから、人生がドラマになるんです。逆に、無感情だったら、自分を殺して生きているようなものではないでしょうか。

とにかく、感情は何か必要があって神さまがつけています。

一人さんも悲しいときは、悲しむのです。

ただし、感情に振り回されない、引きずらない。それを心がければ御《おん》の字です。


だいぶん話がずれてしまいました。元に戻しますね。


父は私が幼い頃に亡くなって、以来、母は村で唯一のお店――昼間はコンビニのような、夜は居酒屋のようなお店――を切り盛りしていました。

私と兄は、母を手伝って、店で商売をしていたんです。

「恵美子、いいか、このテンプラはな、一枚売ったら利益は五銭《せん》。一〇枚売れたとして、儲《もう》けはいくらだ?」と兄に言われて、私は「えーっと」頭のなかで電卓をたたき、「えっ、こんなもんなの!?」って、ガクっときたりして。

兄とは年が離れていたので、兄にとって私は娘を見るような感じがあったんだと思います。ちょっと、変わった兄妹でした。
こんなこともありました。私がせっかく運転免許をとったのに、いざ運転をしようとすると、兄は「恵美子、運転はダメだ」って。私の友だちにまで「うちの恵美子にそんな危《あぶ》ないこと、させないでくれ」と言うんですよね。
それは、当時の兄なりの愛情表現だったのですが、私には窮屈《きゅうくつ》に感じるときも多かった。性格も考え方も全然違うから意見が対立することはしょっちゅうでした。それでも兄は、私にとって大事な家族でした。

そんな兄が逝ってしまいました――。

兄を棺《ひつぎ》に納める前に、葬儀社の職員さんから「これからお兄さんは長旅に出られます。道中たいへんですので、足をさすってさしあげてください」と言われました。冷たくなった兄の足に触れてマッサージをしてあげたら、兄の顔が喜んでいるように見えました。

私は元々、指圧師をしていたんです。でも、生きているうちに、兄に指圧をしてあげたことが一度もなかった。

「アニキ、指圧してやれなくてごめんね。

光の国で、私やってあげるね。

今までありがとう、ご活躍さまでした」

このような言葉が自然と口から出てきたのは、やはり、「人は生き通しだ」ということを教わっていたおかげに違いないと、私は思うのです。

大切な人が光の国に逝くときは、必ず〝ギフト〟を置いていってくれるんです。

一人さんは昔、こんなことを言っていました。

「親が光の国へ旅立つときは、わが子に〝大切な何か〟を置いていくんだよ。

遺産《いさん》とか、形見《かたみ》の品物とか、そういう、形あるものだけじゃなく、形のない大切な何かも置いていってくれるんだよ。

たとえば、お酒の飲みすぎで体を壊してしまったんだとしたら、お酒はほどほどに楽しんだほうがいい、という教えだったりさ。

それから、その家ならではの〝家庭の味〟というのもそうだよね。

あるいはまた、悲しくて泣いたとき、母親が背中をさすってくれた、あたたかい手の感触だとか、目を閉じると頭に浮かぶ笑顔、思い出、いろんなものを置いていってくれるんだよ」

思えば、私の兄も、私にたくさんの〝ギフト〟を置いていってくれました。

そのなかで、かけがえのない〝ギフト〟が二つあるんです。

ひとつは、家族。つまり、兄の子どもたち、そして、その子どもたちです。

そして、もう一つ、兄がくれた〝ギフト〟が、

「愛で人生は輝く」

ということでした。

ある日、兄が入所する施設に、姪《めい》っ子が生まれたばかりの赤ちゃんを兄に見せようとやってきました。そのとき兄は、こう言ったそうです。

「元気な赤ちゃんが生まれてよかったな。オレも安心したよ」

そして、子どもたちが帰ったあと、施設の職員さんに、

「私の人生は最高だ」

そう言って、翌日、兄は光の国に旅立ちました。

私と兄がそうであったように、兄と子どもたちの間にも、いろんなことがありました。兄としては信念を持って、今世、与えられた〝お役目〟を果たしていたのだろうと、今の私は思っているのですが、ただ、家族をかえりみないところが、兄にはあったんです。

私も、兄の子どもたち――私にとつては姪っ子、甥《おい》っ子――から相談されて、

「アニキ、自分の家族を大事にしなよ」なんて意見したこともありました。

でも兄は、自分が「こう」と思ったら猪突猛進《ちょとつもうしん》、周りの声は聞こえないのです。

これは、柴村家の人間の特徴でもあるんですが（もちろん、私もそうです。笑）。


そんな兄が、ここ数年、人が変わったんです。きっかけは〝がん〟でした。

子どもたちは、兄が入所する施設をたずね、笑顔とやさしい言葉で接する。

兄のほうも、子どもたちのやさしさを素直に受け止め、

「みんな、きてくれてありがとう、感謝してるよ」

と、感謝の言葉で「愛」を返す。

そして、やがて兄の口から、こんな言葉が出るようになったのです。

「幸せだ、オレは体はこんなふうになってしまったけれど、生きててよかった、幸せだよ」


ふりかえると、**兄が〝いのち〟を燃やして私に見せてくれたことは、**

「人はいくつになっても変われる」

ということ、それも、いいふうに変われる、ということでした。

そして、いいふうに変えたのは何だったのかというと、「愛」です。

人生は「愛」で輝くのです。


兄からもらった〝ギフト〟を大切に、これからも続く「生き通しの旅路」をより一層、楽しみたいと思う私です。

最愛の母が残してくれた〝言葉のないメッセージ〟

兄が亡くなるうんと前、母が亡くなった直後のことです。

母が入所していた施設の職員さんから、一枚の写真を見せてもらったことがあります。それは、母が光の国に旅立つ少し前に、母のお世話をしてくれていたへルパーさんがとった写真でした。

車いすに乗って庭園に出た母は、両手をふわぁーっと広げていて、近くの森に住む鳥たちでしょうか、母の肩や手のひらには鳥たちが遊んでいました。

その鳥たちを見る母の目は、ちいさな〝いのち〟をそっと見守るような、やさしい目をしていました。ふりそそぐ陽《ひ》の光は、やわらかであたたかく、母は、おだやかで満ち足りた表情をしていました。

そんな母の表情に私は驚いて、

「えっ、かあさんって、こんな表情をするんだ」

つい、そう言ってしまったんです。

それくらい、娘の私がほれぼれするくらい、幸せそうな表情をしていました。

子どもの頃、病気の親の世話をするために、小学校高学年くらいから学校に行けなくなってしまった母。

二度の結婚を経験し、二度とも夫を早くに亡くした母。

二人目の夫（私の父）が光の国にいったあと、母は女手一つで兄と私を育てながら、村でただ一つのお店を営《いとな》んでいました。

店自体は繁盛《はんじょう》していたのですが、年中無休で朝から晩まではたらいているのに、月末には支払いがとどこおってしまいます。

そのことで私に心配をかけまいと、母は隠れて取引先に頭をさげ、そのあとは、何事もなかったかのように、「あっはは、おっほっほ」と明るく笑っていた母。

それでも母は、自分が幼い頃、さみしい思いをしたせいか、貧しくても家族が一致団結して暮らしていることに幸せを感じて、私によく、

「かあさんは、恵美子がいてくれたら、それでいいんだ」

母はよく、そんなことを言っていました。

ところが、兄が進学のために家を出て、私は十八のときに上京して、指圧の専

門学校で学び、そのまま東京で指圧師としてはたらきはじめました。

そして、紆余曲折《うよきょくせつ》を経て、私は銀座まるかん柴村グループの拠点を帯広から大阪に移すことになりました。

私はさらに豊かになり、母にぜいたくをさせてあげられるようになったのですが、あの写真で見たような顔をしている母を見たことがありませんでした。

母が光の国に旅立ち、施設の職員さんから、あの写真を見せてもらった私は、「かあさんの、あの表情はどこから出ているんだろう？」と考えていました。

施設の職員さんが、よくしてくださった、ということもあるでしょう。

でも、それだけじゃない、いろいろな要因があると思います。そのなかで、いちばんの理由は、母はそこで新しい幸せを手に入れたんです、きっと。

私は心のどこかで、母に対して「いっしょにいてやれなくて、ごめんね」と思っていたのですが、施設の職員さんの話によると、母は施設での生活、出会いを楽しんでいたそうです。そして、「私のことは気にしないで、恵美子は恵美子で幸せになればいい」と、私の幸せを願っていた、とのことでした。

私は、自分の勝手な思い込みで母を見ていたんですね。「私がいなくちゃ、幸せになれない」なんて。母はそんな人では決してないのに。

私は「もっと人生を楽しもう」と思いました。それが母の願いだから。
そう思った瞬間、私の心のなかにすずやかな風がふいたのを感じました。

そして、「今、神さまがマルをくれたんだな」って、私は思いました。

遠い未来にゴールを置き、神さまが用意した「今日」という舞台を大切にする。

就活、推《お》し活、恋活、婚活、終活、いろんな活動がありますが、私は数年前から「来活《らいかつ》」というのをやっています。


来世、どんな人生を送りたいか。

来世、どんな自分でありたいか。

そこを見据《みす》えて今を楽しく生きる、それが「来活」です。


来世は、今世の続きからはじまります。

それと同時に、来世は、自分の意志がつくる未来です。

過去がどうであれ、今、「もっと幸せになろう」「もっと豊かになろう」という意志を持って一歩、足を出せば、来世は「もっと幸せ」「もっと豊か」です。

それだけではありません。〝今ここ〟から、展開が変わってきます。

なぜなら、**「思ったことにやがて必ず会う」**、**つまり「思考は現実化する」**という法則があるからです。

ちなみに、私の来活目標は、「もう一段上の商人」です。

この来活目標を持つと同時に、「今日の目標」も持っています。

それは、今日、自分に起きてくること、今日、会う人を大切にする、という目標です。

このような目標を持つのはなぜかというと、「袖《そで》すり合うも他生《たしょう》の縁」じゃないけれど、神さまのはからいによって起きていること、現れた人だったりするからです。ちなみに、そういう出来事、そういう人を、一人さんは「神さまが用意してくれた舞台だ」と言います。

だから私は、今日という日を大切にしようと心がけています。

これが、私の「今日の目標」です。

ときには、今日起きたことが思いがけず嫌なこと、目の前に現われた人が思いがけず嫌な人だった、ということも、あります。

そんなときは、「それでも私が楽しくて、もっと幸せになるためには、自分は何ができるだろう」この問いを自分自身に投げかけてみる。

「そうすると、人間の心は宇宙よりも広いから、やがて〝自分の答え〟が見つかるよ。万が一、見つからなくても大丈夫だよ。

なぜかというと、時間が悩みを解消してくれるようになっているから。どうにも解決できない問題は、時間が経《た》つと解消されちゃうの。

その証拠に、恵美子、一〇年前、自分がどんなことで悩んでいたか、覚えているかな？　覚えていないでしょ？

ということは、悩みは時間が解決してくれるんだよ」（ｂｙ一人さん）

このようなことを繰り返しているうちに、神さまがくれた「今日」を使って、起きてくること、現れる人に対して、「自分の中にある愛」を表現する——つまり、自分と自分の目の前にいる人に、平和と安らぎ、そして明るさと楽しさを伝える——ことを私は段々と覚えてきました。

そして、それプラス、「来活」もやる。

そうすると、何が起きてくるのか、というと。

それまでは、「生き通し」が果てしない旅路だから、いまひとつピンとこなかったのですが、「今日の目標」と「来活」を明確にしてからは、その旅路が、めちゃくちゃ楽しくなってきたのです。


先はまだまだあるのですが、私は〝今ここ〟に喜びを感じて生きています。

そして、私は、一人さんと同様、まだ「学生」なんです。

生きている限り、学ぶ人なんです。


一〇〇段ある階段のうち〝たった一段〟あがったことを、ほめてくれるのが神さまなんです。

「段々よくなる、未来は明るい」

一人さんはよくそう言いますし、私もそう思っています。

ここから、どんどんよくなる、無限によくなっていきます。

なぜなら、私たちの魂《たましい》、すなわち〝いのち〟は無限だから。

〝いのち〟とは天の神さまから分けてもらった「愛と光」であり、無限に大きくなります。ただし、その成長は一度の人生で完成するようなものではありません。

成長が完成するには何回も、何回も生まれてきて、いろんな経験をして学ぶ必要があるのだそうです。

だから神さまは、一回で目的地に到達できない人に「ダメだ」とは言いません。

たとえば、朝、近所の人にあいさつできない人がいるとします。

その人が、たったひとりにあいさつができた。そのときに、神さまは「その程度か」とは言わない。「ひとりでも言えたのは、すごいね」と、ほめてくれるんです。

「魂の成長の階段が一〇〇段あるとしたら、一〇〇のうちの一段でもあがった人を『すごいね』と、ほめてくれる。

残りの九九段は、『一生かけてやればいいんだ』とか、『今世できなかったら来世やればいいんだ』と言ってくれるのが神さまだ、と私は思ってる。

要は、その人その人に合った成長のしかたがあるんだよって言いたいの。

ともかく、慌《あわ》てないこと、そして、人と比べないことだよ。人と比べると自分が苦しんじゃうからね」(by一人さん)

この言葉を思い出すと「よし、また挑戦しよう、昨日の自分より、少しいい笑顔で、もうちょっとやさしい言葉をかけてみよう」と思えてくる私です。

魂の成長の旅路は、一人ひとり違います。その旅路は、自分ひとりで歩く道ではないのです。

人は、生き通しの〝いのち〟を天からいただき旅をします。何度も、何度もここに生まれてきて、いろんな体験をし、自分を磨き、魂を成長させていく。気が遠くなるくらい、長い長い旅路です。

この旅路の最終目的地は、私たちの〝いのち〟が生まれた場所。
そう、宇宙です。
誰もが、ここを目指して歩いています。
ただし、**最終目的地までのルートは、無数にあります。**
一人ひとり、自分の道を歩くんです。

この話を、はじめて一人さんから聞いたとき、私はちょっとだけ、不安になってしまいました。

想像もつかないくらい、長い旅路を、自分ひとりで歩いていかなくちゃならないと思ったから不安になってしまったのですが、それは私のカン違いでした。

一人さんは、私にこう言いました。

「鋭《するど》い牙《きば》も爪《つめ》も持っていない、寒さをしのぐ毛皮もない、そんなわが子（人間）に、親（天の神さま）が、ひとり旅をさせるわけがないじゃないか。

目には見えないけれど一人ひとりに〝ともに歩く人たち〟がいるから大丈夫だよ」

誰が自分といっしょに歩いてくれているかというと、守護霊さまをはじめとする次元の高い霊のみなさんです。

ちなみに守護霊さまは、「生まれ変わりを繰り返して魂が進化向上し、人間を卒業した霊」であり、おともしている方の魂を「成長へと導く」お役目を担《にな》っている霊のことです。

「オレたちの魂が、どんなに未熟でもいいの、この人生を楽しもう、人に親切にしようと思うようになると、守護霊さんは自身の能力を存分に発揮することができるんだよ。

そうすると、どんなことが起きるかというと、たとえば、人生がうまくいっていないときに、ふらっと入った本屋さんで、なんとなく手に取った本を読んだら、うまくいくようになったとかさ。

それから、助けてくれる人が突然現れたとか、〝すばらしいアイディア〟をひらめくとか、そういうことが起きてくる。

あるいは、ワンランク上の仕事をするのに、もっといい指導霊さんをつけてくれるのも守護霊さんなんだよ」（ｂｙ一人さん）

ちなみに、一人さんが言っている〝指導霊さん〟とは、仕事や芸術などの可能性を広げてくれる霊のことです。

守護霊さまの場合は、生まれてからずっと同じ方がおともをするのがほとんどですが、指導霊さまの場合は、本人が「自分はこれこれこういう仕事をすることによって、みんなの喜ぶ顔が見たい」と思い、そこに向かって努力をはじめると、その志の高さに応じて入れ替わることがあります。

いずれにしろ、**私たちはひとりぼっちで魂の成長の旅路を歩いていくのではないのです。**

守護霊さまがともに歩いてくれていますし、その時々で最良の指導霊さまがついてくれて、必要な才能を引き出してくれているのです。

すごいでしょ!! うれしいでしょ!! ありがたいですよね。

なので、私は日ごろから、自分の守護霊さま、指導霊さまに感謝しているし、「守護霊さま、指導霊さま、よろしくお願いしますよ」

と言っているんですね。

神さまから与えられた「時間と空間」を使って、私たちは、自分が見たい景色を描けるのです。

一人さんから昔、教わりました。

天の神さまは、私たちに完成品の幸せを与えることはないのだそうです。

神さまが与えてくれるのは、時間と空間だけなのです。

そのおかげで、人は自分の人生をどんな人生にするか、自分で決めることができる。それも、自分の思い一つで変えることができるのです。

明るく楽しく生きようと思えば、明るく楽しい人生になります。

暗いことを考えていると、暗い人生になるのです。

あまりにもシンプルな〝人生の法則〟なので、私は「わかった」と思っていました。明るく楽しく生きればいいんでしょ、って。

確かに、それはその通りなんです。

その通りなんですが、「明るく楽しい思い」のなかに徐々《じょじょ》に〝学び〟が加わってくると、見ている景色も、人生の味わいも、全然違ってくるのです。

ただ、その〝味わい〟がわかるようになるには、私の場合〝経験〟が必要でした。というのは、〝学び〟は〝経験〟を通して得られるものだからです。

でも、神さまはさすがだと思いました。

というのは、私にいろんな経験をさせてくれたから。

今まで本当に、いろんなことがありました。いろんな出会いもありました。

大切なものを手に入れたと思ったら、もっと大切なものがあることに気づいたことが、山ほどあります。

困ったときに助けられて感謝を覚え、「助けられる」ことの意味を知ることができました。それから、見ず知らずの方が困っているのを見かけ、勇気を出して助けたら、その人が笑顔になってくれたのが、めちゃくちゃうれしかった。

そして、**自分の未熟さが「もう嫌だ」ってなったときに、「人は未熟だから成長できる」ということが腑《ふ》に落ちてわかったり、自分の愛し方、人の愛し方を覚え、そして、「人間の本質は愛と光なんだ」というひらめきがきたことも。**

けれど、それは日々、私の心のなかを風のように通過するもので、じっくりと自分の心のなかを見ることがありませんでした。

そんなある日、私は、ふるさと北海道の十勝《とかち》をたずねる機会を得ました。それは、思い出の場所をたどりながら自分の原点を探《さぐ》る旅です。

子どもの頃の私は、生まれた場所も親も兄妹も、すべて自分が選んできた、なんて、考えられませんでした。

ところが、今回、自分の原点を探る旅をしている途中、私は、「生まれた場所も、親も兄妹もすべて、自分が選んできたんだ」ということが、腑に落ちてわかりました。

不思議ですね、少し前の私は、それを知っていながらも、受け入れることができなかったのに。

そして私は、旅の最後、私が生まれ育った清水谷《しみずだに》（北海道河東郡上士幌町）をたずねました。

実を言うと、清水谷は、今回の旅の予定には入れていませんでした。かつて村でいちばん栄えていた場所に柴村商店、つまり私の生家があったのですが、今は私の家はもちろん、そこには誰も住んでいないのです（栄えた中心部以外には人が居住しています）。

夜になると、街灯《がいとう》が〝ぽつん〟と灯《とも》り、さみしさを一層際立《きわだ》たせます。そんなところに行っても……。

ところが、今回の旅で思い出の地をたずね、「出会った人、起きた出来事すべては、自分が決めてきたことだった」という気づきを繰り返していくうちに、なんだか導かれてしまったようです。

清水谷に着くと私は、まず、うちのお店の前にあった街灯に会いにいきました。

それは、当時、村でただ一つの街灯でした。そして、私にとって、その光は、父が光の国に旅立ち、さみしさを抱《かか》えた私の心を明るくしてくれた、光でもありました。

「街灯さん、ただいま」

私は心のなかで、街灯にあいさつをしました。

すると、「えみちゃん、おかえり」という声が聞えたのです。

「えっ」と思って、ふりむくと、そこには、村にたくさんの人が住んでいた頃の、清水谷村の景色がありました。

あの頃は、大人も、子どもも、みんな、はたらいていました。

畑で収穫の手伝いをしている子どもがいたり、森から切り出してきた木を割って薪《まき》にして、それを積み上げる手伝いをしている子がいたり。

そうです、私だけ、はたらいていたのではなかったのです。

みんな、生活は楽ではなかったけど、春にはすずらん、夏には川遊び、そして秋には芋煮会《いもにかい》をやったり、楽しいこと、みんなでたくさん、やったなあ。

大人たちだって、仕事が終わったら、うちのお店に集まって、一杯やりながら、語ったり、歌ったり、楽しんでいました。

「あぁ、私カン違いしてた、清水谷村って、さみしい村じゃなかった。豊かな村だったんだ……」

そう思ったと同時に、一陣の風が吹き、木々の葉がゆれる音がして、私は「はっ」としました。今、自分が、この目で見ている景色が、さっきと違っていました。ここにきたときは暗かったのに、今、見たら明るいのです。

もしかしたら、神さまは、これを私に体験させたくて、ここまで導いてくれたのかもしれません。

そして、私自身が気づくのを、神さまは待っていてくれたのです。

魂は死なない、だとしたら、あなたは今、何をしたい、誰といたいですか?

一人さんが、あるとき、こんなことを言いました。

「人間というのは、学ぶために地球に生まれてきているの。
それぞれに、それぞれの人生があり、個性もみな違うから、ここで何を学ぶか

は、人それぞれだよ。でも、同じ学ぶなら楽しく学びたいよな。

苦しく学んだら、幸せじゃないもんな。不幸になるために生まれてきたんだとしたら、この世は拷問《ごうもん》だよ。神さまは、その考えをやめて、明るくて楽しいほうを見なさいと言ってる。楽しい思い出をたくさん持って帰ってこい、ってね」


五年後、十年後、あるいはもっと年月が過ぎて、私はこの一人さんの言葉を思い出す〝とき〟がくる。そのとき私は、また何かの気づきを得るでしょう。

なぜなら、人は生きている限り、学ぶようにできているから。

魂は昨日より今日、今日より明日、そして来世と成長し続けるのです。

そのことが腑に落ちてわかったとき、私はむやみやたらに焦《あせ》らなくなりました。周りの景色を楽しみながら、仲間と歌ったり語ったりしながら、自分の歩幅で一歩ずつ、この旅路を歩いていきたいと今は思っています。

そうです、今はです。明日は、どうなるか、わかりません。

それでも、**悩んでは学び、また悩んでは学び直しながらでも、「人生を楽しんで、人に親切にする」ことを忘れなければ、大丈夫**なんだそう。一人さんにそう教わりました。

光の国に戻って、自分が歩いた道をふり返って見たとき、その道は〝魂のふるさと〟に向かってまっすぐ伸びた一本の道になっているから大丈夫だよ、って。

そうだとしたら、あなたは今、どう生きますか？

おわりに

斎藤一人
柴村恵美子

「人は生き通しである」ということを信じるのもいい。
信じなくてもいい、どっちでもかまいません。
それよりも明るく楽しく生きることなんです。

なぜなら、**「明るく楽しく生きること」は、神さまの願いだからです。**
ご先祖さま、守護霊さん、指導霊さんの願いでもあります。
願いを叶《かな》えてくれた人には、想像以上の幸せがやってきますよ。

私はそう思って、一日いちにち、明るく楽しく生きてきました。
これからも明るく楽しく生きていきます。

斎藤一人

「三万六千五〇〇日」

これは何の日数だと思いますか？

人生一〇〇年を日数にしたら三万六千五〇〇日（うるう年を除く）なんです。

この数字を見たときに「すごく長い」と感じる方もいるでしょう。でも、〝人生の折り返し地点〟を過ぎた私にとって、「あっ」という間に時間が過ぎてしまったな、というのが、いつわらざる気持ちです。

そして、私は「これから先の人生を、ただ〝とき〟が流れるままに過ごしたくないいな」って思いました。

なぜなら、来世は今世の続きだから。

〝今ここ〟で、どう生きるかが、来世、再来世へとつながっていくから。

体は若い頃とは違うし、できることはそれほど多くはありませんが、そのなかでも、今の私にできること、「今あがれる階段は必ずある」と私は思っています。その階段を一段ずつあがっていこうと、心に決めて動き出した、そのとき、「生き通し」の本を書いてみませんか？　というお話をいただきました。

もちろん、人は十人十色《じゅうにんといろ》、百人百様《ひゃくにんひゃくよう》、性格や考え方、生き方もみな違います。「私の人生、こんなものだろう」と思っている人もいれば、「それなりに幸せで、不満はないけれど〝このまま〟がずっと続くのかなあ」と思っている人もいる。いろんな人がいるでしょう。

でも、全員の魂《たましい》は「生き通し」です。今が来世につながっています。

そして、**人はいくつになっても、そのときの自分にできる何かを、天の神さまは用意してくれている**のだと、一人さんから教わりました。

今から、その何かを、探しに出かけませんか？

「今、自分ができることはなんだろう。今のぼれる階段はなんだろう」

そのように、ちょっと意識を変えてみてください。そして周りを見るんです。

このとき、あなたに奇跡が起こります。

目の前の景色が違って見えてくるのです。

それまでは「ただの石ころ」に見えていたものが、実はダイヤモンドだった‼

という気づきがおとずれることもあるかもしれない。そう思うと、なんだか、わくわくしませんか?

わくわくしながら一歩、前に足を出したあなたを、私は応援しています。

今日は、ありがとうございました。

感謝します。

柴村恵美子

柴村恵美子さんのことをもっと知りたい！

そんなあなたに…

斎藤一人さんと
柴村恵美子社長の
楽しい公式ホームページ

今すぐ
アクセス！

情報満載の楽しいHP
ぜひ、アクセスしてくださいネ！

https://emikoshibamura.ai/

柴村恵美子インスタグラム

人生は言葉で変わる!!

言葉の大切さをシェアしています！

https://www.instagram.com/shibamuraemiko/

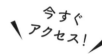

人生が豊かで楽しくなる♪
柴村恵美子社長の公式Webコンテンツ！

柴村恵美子 YouTube

Emiko Shibamura
FUWAFUWAちゃんねる

恵美子社長の最新動画を続々配信中！
最新情報はコチラをチェック!!

大絶賛配信中!!

斎藤一人さん推奨!!
自分が光輝く存在になるセルフメイク!!
「**愛と光の近未来メイク**」の動画も配信していますよ。

柴村恵美子LINE公式アカウント

恵美子社長とラインで
お友だちになろう!!

QRコードで簡単に登録できます！

ひとりさんとお弟子さんたちのブログについて

斎藤一人オフィシャルブログ

https://ameblo.jp/saitou-hitori-official

ひとりさんが毎日あなたのために、ついてる言葉を、
日替わりで載せてくれています。ぜひ、遊びにきてください。

斎藤一人公式ツイッター

https://twitter.com/O4Wr8uAizHerEWj

お弟子さんたちのブログ

柴村恵美子さんのブログ	https://ameblo.jp/tuiteru-emiko/
舛岡はなゑさんのブログ	https://ameblo.jp/tsuki-4978
みっちゃん先生のブログ	https://ameblo.jp/genbu-m4900
宮本真由美さんのブログ	https://ameblo.jp/mm4900
千葉純一さんのブログ	https://ameblo.jp/chiba4900
宇野信之さんのブログ	https://ameblo.jp/nobuyuki4499
尾形幸弘さんのブログ	https://ameblo.jp/mukarayu-ogata/

雄大な北の大地で「ひとりさん観音」に出会えます

北海道河東郡上士幌町上士幌

ひとりさん観音《かんのん》

柴村恵美子さん（斎藤一人さんの弟子）が、生まれ故郷である北海道・上士幌町《かみしほろちょう》の丘に建立《こんりゅう》した、一人さんそっくりの美しい観音様。夜になると、一人さんが寄付した照明で観音様がオレンジ色にライトアップされ、昼間とはまた違った幻想的な姿になります。

記念碑

ひとりさん観音の建立から23年目に、白光の剣（※）とともに建立された「大丈夫」記念碑。一人さんの愛の波動が込められており、訪れる人の心を軽くしてくれます。

（※）千葉県香取市にある「香取神宮」の御祭神・経津主大神《ふつぬしのおおかみ》の剣。闇を払い、明るい未来を切り開く剣とされている。

「ひとりさん観音」にお参りをすると、願い事が叶うと評判です。
そのときのあなたに必要な、一人さんのメッセージカードも引けますよ。

そのほかの一人さんスポット

ついてる鳥居：最上三十三観音 第2番 山寺（宝珠山 千手院）

山形県山形市大字山寺4753　電話：023-695-2845

〈著者略歴〉

斎藤一人（さいとう　ひとり）

実業家。「銀座まるかん」（日本漢方研究所）の創設者。

1993年から納税額12年連続ベスト10入りという日本新記録を打ち立て、累計納税額に関しては2006年に公示が廃止になるまでに、前人未到の合計173億円を納める。また、著作家としても「心の楽しさと経済的豊かさを両立させる」ための著書を何冊も出版している。

主な著書に『斎藤一人　今はひとりでも、絶対だいじょうぶ』『斎藤一人、人は考え方が9割！』『強運』『知らないと損する不思議な話』『人生に成功したい人が読む本』『絶対、よくなる！』『「気前よく」の奇跡』『斎藤一人 楽しんだ人だけが成功する』（以上、PHP研究所）がある。

柴村恵美子（しばむら　えみこ）

銀座まるかん柴村グループ代表。

斎藤一人氏の一番弟子にして、著述家・講演家。

18歳のときに斎藤一人氏と出会い、その肯定的・魅力的な考えに共感共鳴し、一番弟子となる。全国高額納税者番付で師匠の斎藤氏が日本一になった時に自身も全国86位という快挙を果たす。柴村グループ代表として活躍しながら師匠の楽しくて豊かになる教えを実践、普及している。

近著の『斎藤一人　龍の奇跡を起こす　ふわふわの魔法』（けやき出版）の他、累計40万部を突破した『引き寄せシリーズ』（PHP研究所）など多くのベストセラーを発表し続けている。

斎藤一人　人は死んでも生き続ける

2023年8月10日　第1版第1刷発行

著　者　斎藤一人
　　　　柴村恵美子
発行者　永田貴之
発行所　株式会社PHP研究所
東京本部　〒135-8137　江東区豊洲5-6-52
ビジネス・教養出版部　☎03-3520-9615（編集）
普及部　☎03-3520-9630（販売）
京都本部　〒601-8411　京都市南区西九条北ノ内町11
PHP INTERFACE　https://www.php.co.jp/

組　版　有限会社エヴリ・シンク
印刷所
製本所　図書印刷株式会社

ISBN978-4-569-85548-6

PHPの本

斎藤一人　人は考え方が9割!

絶対いいことが起こる!!

斎藤一人／柴村恵美子 著

日本一の大商人に聞いてみよう!　明るく豊かで楽しい人生になる秘密とは?　常識を覆して人生を大逆転させせる知恵を凝縮した1冊!

定価　本体一、四〇〇円（税別）